新しい言語学

―心理と社会から見る人間の学―

滝浦真人

新しい言語学（'18）
©2018　滝浦真人

装丁・ブックデザイン：畑中　猛
s-53

まえがき

　「言語学」という名前の付いた授業科目が放送大学に登場するのは，おそらく20年ぶりぐらいのことではないかと思う。手許には『言語学』（大江孝男・湯川恭敏 客員教授）という印刷教材があり1994年初版とあるから，おそらくそれからの何年か，授業が放送されたことだろう。聞くところでは，その授業は大変に難解であり，かつ単位認定でも容赦なく不合格が付いた由である。言語学が専門の専任教員がいなかったこともあって，それ以来「言語学」は放送大学の科目から姿を消した。

　筆者は言語学が専門で（育った研究室に湯川先生がいらした），これを書いている今，放送大学赴任後5年目となる。日本語科目を先に作る事情が生じて後回しになったが，やはり「言語学」は科目として必要だと考えた。そこで科目を提案しようと思ったとき，かつてのエピソードが頭をよぎった。「言語学って，難しいんじゃないだろうか？」と。

　言語学は人文科学の一分野だが，その方法論はしばしば厳格であり，自然科学に近いとさえ言える。様々な記号を使った考察や説明も多いため，それらを見ただけでアレルギーを起こす人も少なくない。一方で，ここ半世紀ほどの間に，そうした伝統的な言語学とは少し違った観点から言語を捉えようとする学派も生まれてきた。そうしたことを考えると，言語学の科目は，伝統的な言語学とそれ以降の言語学の2つが必要であるように思われた。それらを時代順に作るのが筋とも言える。しかし，伝統的言語学が帯びているある種の"取っ付きにくさ"を考えるなら，むしろ新しいアプローチの言語学から学んでもらうのも悪くないように思えた。それが本科目「新しい言語学」である。（伝統的言語学を学ぶ科目も準備しているので，もう少しお待ちいただきたい。）

　「新しい言語学」にどこか"取っ付きやすさ"があるとしたら，それは，伝統的言語学が目指したもの，つまり言語の仕組みにおける体系性

や法則性といった性質の追求に代わって，言語を使う人間が持っている諸性質，例えばサルから進化した，互いにつながろうとするヒトといった性質に依拠しようとするからだと思われる。わざわざ副題を付けさせてもらって，「心理」や「社会」そして「人間」という言葉を入れたのも，この点を特に示したかったからである。

そのように新しい言語学の流れにも，問題関心のありかに応じて様々な分野や方法論がある。取っ付きやすいと言ってもそれは入口のことで，中に入ればそれぞれに専門的な方法論や方針があって，きちんと勉強しなければ理解することができない。そのためには各分野の第一線で活躍されている先生方にお集まりいただくのが最善であると考え，森雄一，松井智子，熊谷智子の三先生（担当順）のご参画を得ることができた。非常にわかりやすい印刷教材になっただけでなく，放送授業でも毎回とても楽しくかつ大変勉強になる話を伺うことができたと思う。

こうした経緯で完成した20年ぶりの「言語学」がどのように迎えられるか，ちょっとドキドキしながら楽しみにしている。

印刷教材作成の過程で，匿名の査読（フレンドリー・アドバイス）に当たり，助言や誤りの指摘をしてくださった，学習センター所長ないし客員の先生に厚くお礼を申し上げます。編集の労をとってくださった杉山泰充さんにも感謝します。

印刷教材と対をなす放送授業の制作スタッフにも感謝を捧げます。草川康之プロデューサー，川口正ディレクター，大熊千尋ディレクター，技術スタッフの皆様，おかげさまで楽しく収録することができました。ありがとうございました。

2017年10月末
滝浦真人

目次

まえがき　　　滝浦真人　3

1 なぜ「新しい言語学」か？ ―新旧の違い―　　　滝浦真人　9

1. 近代言語学：ソシュールと構造主義　9
2. チョムスキーと生成文法　16
3. 心理と社会から見る人間の学：新しい言語学　21

2 認知言語学① ―事態の捉え方と言語表現―　　　森 雄一　25

1. 認知言語学とは　25
2. 視点と「図」・「地」　25
3. 「格」の表現と認知　27
4. 集合的認知・離散的認知と言語現象　31
5. 捉え方の細密と言語表現　33
6. 主体化と客体化　35

3 認知言語学② ―比喩―　　　森 雄一　40

1. 認知言語学と比喩　40
2. シミリーとメタファー　41
3. 概念メタファー　42
4. メトニミーとシネクドキー　46

4 認知言語学③ —カテゴリー化，多義語と意味変化，文法化—
　　　　　　　　　　　　　　　　　　　｜ 森　雄一　57

　1．はじめに　57
　2．カテゴリー化と言語現象　58
　3．多義語の構造と意味の変化　61
　4．時空間メタファー　67
　5．文法化　68

5 認知言語学④　—認知言語学と命名論—
　　　　　　　　　　　　　　　　　　　｜ 森　雄一　72

　1．はじめに　72
　2．表示性と表現性　72
　3．命名と認知の対応性仮説　78
　4．再命名　79
　5．命名と比喩　81
　6．まとめと展望　84

6 言語習得論①　—母語の習得と臨界期—
　　　　　　　　　　　　　　　　　　　｜ 松井智子　86

　1．人間の生物的特徴としての言語習得　86
　2．母語の音韻体系の学習　88
　3．母語の語意学習　93

7 言語習得論②　—概念の獲得と語意学習—
　　　　　　　　　　　　　　　　　　　｜ 松井智子　99

　1．感情を表す語彙の意味を習得する　99
　2．確信度を表す語彙の意味獲得　108

8 言語習得論③ ―多言語環境における言語習得―
松井智子　115

1. 多言語環境で育つということ　115
2. 社会的心理的な認知能力と言語能力　118
3. 日本在住の日系外国人幼児の言葉と心の発達　125

9 語用論① ―言外の意味のコミュニケーション―
滝浦真人　131

1. 意味の伝え合い？　131
2. 会話の含みを推論する　135
3. 「協調の原理」と「4つの原則」　139

10 語用論② ―意味論から語用論へ―
滝浦真人　147

1. 発話する「人」　147
2. 文脈を読み込む　151
3. 人は言葉で何を為すか？　155

11 語用論③ ―日本語の語用論―
滝浦真人　163

1. 「た」の語用論　163
2. 対人配慮の語用論　169
3. 遠い言葉と近い言葉　173

12 | 談話分析 ―話しことばの連なりから見えてくること―　　熊谷智子　180

1. 談話分析とは何か　180
2. 〈話す〉ことと〈書く〉こと　181
3. 談話の構造を捉える観点　183
4. 談話に現れる諸現象　188
5. 分析例：談話におけるくり返し　190

13 | 社会言語学①　―社会におけることばのバリエーション―　　熊谷智子　194

1. 言語学と社会言語学　194
2. ことばのバリエーションと使い分け　195
3. ことばと属性：地域差，世代差，男女差　198
4. 社会との関係に見ることばのバリエーション　202

14 | 社会言語学②　―ことばの変化，ことばへの意識―　　熊谷智子　208

1. 言語変化を引き起こす諸要因　208
2. 個人の中での言語変化　211
3. 言語意識　213
4. 言語意識と言語変化　218

15 | 心理と社会から見る人間の学　　滝浦真人　222

1. 認知と言語　222
2. 言語の習得と心理的・社会的能力　228
3. 他者と社会　232

索引　239

1 | なぜ「新しい言語学」か？
── 新旧の違い ──

滝浦真人

《目標＆ポイント》 科目名の「新しい言語学」が言語をどのような角度から捉えようとする立場なのかを理解し，これからの学習の方向性を見定める。とりわけ，「旧」言語学の目指したものが，人間とその文化に普遍的に備わっている仕組みであったことを確認し，それに対する見直しの機運の中で「新しい言語学」が提唱されてきたことを捉えたい。
《キーワード》 構造（主義），普遍文法，心理的能力，社会的能力

1. 近代言語学：ソシュールと構造主義

　「新しい言語学」と言うからにはその前の言語学がある。ではそれを仮に「旧言語学」と呼ぶとしよう。「旧」といっても，世代交代で"廃れて"しまったものもあれば，いまだに多くの研究者が研究に携わって進歩している学派もある。いずれにせよ，それらが築き上げてきた方法や成果に対する修正や付け加え，あるいは"異議申し立て"の中から，「新」しいアプローチが生まれてきた。そうした新派の言語学はどれも十分に自律的であるので，いきなりそこから勉強したとしても，それなりには理解可能である。とはいえそのどこに旧派に対する独自性や新規性のポイントがあるのかを押さえていたほうが，当然よりよく理解することができるだろう。そこでこの第1章では，旧派の言語学が何を最重要の眼目として確立されてきたかを，いくつかの代表的な流れと人物に目を向けることで把握してみたい。そしてその後で，旧派との対比で新

派の言語学にどのような共通の傾向が見られるかを簡単に概観して，次章以降へのつなぎとしたい。学問の歴史の話なので，少し抽象的な内容が多くなるが，何を目指した学問だったのか？ということを思い描きながら読んでもらえたらと思う。

　言語への学問的な関心は古代ギリシャの哲学者プラトンや古代インドの文法学者パーニニにまで遡ることができるけれども，「言語学」の歴史ははなはだ浅い。現代の言語学につながるような考え方や方法論を備えた学問として登場してきたのはおおむね19世紀以降で，とりわけ，時とともに変わりゆく人々の話し言葉が対象になり始めるのは，20世紀になってからのことである。そうした**近代言語学**（Modern Linguistics）の"父"として必ず名前が出てくるのが，スイス生まれの言語学者，**F．ド・ソシュール**（Ferdinand de Saussure, 1857-1913）である。

　現代言語学との関わりで，なかでも「新しい言語学」との関わりで最も重要なソシュールの概念は，「**ラング**」と「**パロール**」である。1910年前後にジュネーブ大学で行った講義の中でソシュールは，言語のもつ2つの側面としてこの対比を導入し，言語学を"ラングの学"として規定した。「パロール（仏・parole）」は「話す」を意味する動詞 'parler' から来ており，"話すこと"や"（話された）言葉"そのものを表す。私たちが実際に聞いたり話したりしているのはこのパロールだが，パロールは個人によっても，地域によっても，また世代によっても異なっている。しかし，コミュニケーションの中で私たちは，その異なりを捉えようとするのではなく，その背後にある"共通のもの"を聞き，おなじく共通の仕組みから作られるものとして自分の言葉を発する。その共通の仕組み，すなわち"コミュニケーションに用いられるシステム"としての言語が「**ラング**（仏・langue）」であり，ソシュールは，それゆえ言語学の対象はラングでなければならないと説いた（ソシュール『一般言

語学講義』）。ラングは社会的な性質を帯びており，個々人の目にはいわば"制度"のようなものとして映る。ソシュールの「ラング」は，言語の研究を社会制度の研究に通ずるものとして考えた産物と言ってよいかもしれない。

　ひとたび制度的な全体が出来上がってしまうと，部分と全体の関係が逆転して見えるようになる。言語もそうで，音や単語などの要素が集まって言語という仕組みを成しているというよりは，言語という全体があって，その内部が，要素間の関係のありように応じた構造を成していると感じられてくる。単語を例に取れば，物理的には同じものでも，日本語では温度によって「水／湯」が変わる（区別される）と捉えるのに対し，英語ではただ'water'があるだけ（で，その状態として'cold/hot'が付加されるのみ）である。あるいは，"虹"という自然現象は世界中で見られる同じ光のスペクトラムの帯だが，それを"いくつの色"と見るかは，色の要素自体の側ではなくそこにいくつの"区切り"を入れるかに依存する[1]。このようなソシュールの考え方は，全体が部分に先行するような関係主義的な捉え方を導く。そして，そうした意味での全体は「**構造**」という用語となって，学問や思想の広い範囲に影響を与えることとなった。

構造主義

　20世紀の中ごろから，とくに1960～70年代を中心に，ソシュールの考え方を受け継いだ「**構造主義**（Structuralism）」と呼ばれる方法が，言語学から人類学，文学や精神分析学など広範な分野で花開いた。言語学だけのものではなくなったとはいえ，事象に対する旧言語学的な捉え方をよく表していると思われるので，具体例を中心に少し見ておく。あらかじめ述べておけば，人間の文化的営みがある型の中に収まるように見

1）現在の日本では7色だがそれは明治以降のこと（キリスト教的な「7」か）で，昔の日本では仏教的に「五色」であった。また，世界の言語には2色の虹もあれば3色のものもある。

えるのは、実はそれが"見えない構造"によって規定されているからであり、それゆえ学問の使命はそうした「構造」を解明することだ、という考え方が共通していた。

多くの他分野に影響を与えた発信源の1つが、R. ヤーコブソン（Roman Jakobson, 1896-1982）の音韻論だった（ファント、ハレとの共著『音声分析序説』1951年）。言語の音を個々の単体として見るのではなく、音響的に取り出すことのできる特徴である「**弁別素性**（distinctive feature)」が束になったようなものと考えた点が画期的だった。「構造」という観点では、各言語がもっている音体系の基本的な捉え方に特色があり、言語の音はただばらばらにあったりなかったりするのではなくて、全体の音韻構造によって規定されることが強調された。音はまず母音と子音に分かれる（［＋母音性］対［－母音性］）が、母音にも子音にも最も原初的な体系と考えられるものがあり、それが段階的に複雑化してゆくと考えられた。母音を例にとると、最小の体系は3つの母音からなる「**母音の三角形**」である。母音はいくつかの尺度によって構造化されており、母音の三角形を音響的にみると、概略、

　　最も響きの大きな a
　　最も鋭い（高い）音の i
　　最も鈍い（低い）音の u

を頂点とする三角形が基本形である[2]。響きに関しては［集約性］、音調の高低に関しては［低音調性］（［高音調性］）という名前の素性が立てられるので、次のように図示することができる（図1-1）。

2）音は周波数という成分をもっているため、同じく周波数成分をもつ色との間で、いわば"翻訳"可能な関係となる。音の a／i／u を色に置き換えるなら、それぞれ赤／黄／青に相当するといったことも述べられた。

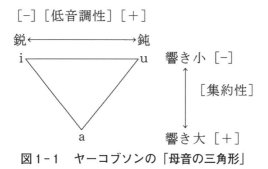

図1-1　ヤーコブソンの「母音の三角形」

諸言語の母音体系は，これが次第に複雑になっていく体系として捉えることができる。aとiの中間にeをとり，aとuの中間にoをとるならば，5母音の体系ができる——日本語のアイウエオ5母音体系はこれである。このように，より複雑な体系はより単純な体系を包含するという考え方が採られた。

　ヤーコブソンとも交流して最も直接的に構造主義言語学の手法を取り入れたのは，文化人類学の**C. レヴィ＝ストロース**（Claude Lévi-Strauss, 1908-2009）で，1950～60年代を中心に非常に多くの論考を発表し，世界の思想界に大きな影響を及ぼした。最初の成果は婚姻体系（親族体系）を「構造」として捉えたもので，諸社会の非常に複雑に見える婚姻の関係が，じつはある数学的とも言ってよいパターンに従っていることを見出した（『親族の基本構造』1949年）。娶る女性がどこから来るか？それがどうやって循環し存続していくか？ということがいわば"見えない構造"によって規定されていることを論証した記念碑的な論文となった。

　レヴィ＝ストロースは，ヤーコブソンの母音の三角形にヒントを得て，意外とも思える概念を提出した。「**料理の三角形**」である（『神話論理』1964年）。人間の文化にとって何が必須かと考えたとき，言語も婚姻も

その例である。そしてもう1つ，いかなる文化においても「料理」のない生活はあり得ない。それゆえ，料理という営みもまた人間文化に普遍の要素と言うことができる。さて，レヴィ＝ストロースは，料理とは基本的に生の素材を火で加工することであると考える。ユニークなのは，その上で，素材と火がどのように触れるかに着目し，"媒介者"の有無と種類で分類した点である。媒介が何もなければ火が素材に直接当たる。しかし料理法は，火を直接当てるばかりではない。素材の置かれた閉じた空間全体を火で熱して素材を調理する方法がある。さらには，素材を水の中に入れ，その水を熱して調理する方法もある。前者では，素材と火を空気が媒介しており，後者では水が媒介している。このように考えると，素材と火の関係に応じて，"無媒介／空気媒介／水媒介"の3つの頂点からなる三角形を書くことができる。

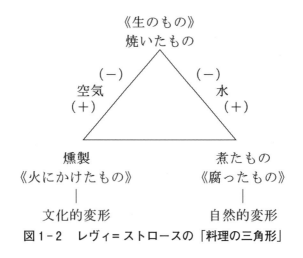

図1-2　レヴィ＝ストロースの「料理の三角形」

《生のもの／火にかけたもの／腐ったもの》という名称（ラベル）は

わかりやすくないし,《生のもの》と「焼いたもの」の組み合わせや,《腐ったもの》と「煮たもの」の組み合わせも混乱しそうになるかもしれない。しかし例えば,「ステーキ」という料理は, 外側を焼き固めていても内側は多かれ少なかれ"生"であるし——だから必ず"どのくらい生のままで食べるか?"を尋ねられる——, あるいは日本の「カツオのたたき」など, 中は完全に生のままである。また,「煮る」という加工は, 素材に水分を加えて熱することで, 細胞や筋を壊すことである——だから素材が柔らかくなる。細胞や筋を壊すという方に着目すれば,死んだ動植物が自然に朽ちて(腐ちて)ゆくプロセスを人工的に早めているとも言える。それゆえ「煮たもの」は《腐ったもの》だというのである。この朽ちて(腐ちて)ゆくプロセスを自然的な変形と見るならば,《火にかけたもの》の方は文化的な変形と見ることができる。「燻製」が例になっているが, 普通の料理でいえば, ステーキなどの「グリル」に対する調理法である「ロースト」と呼ばれるオーブン料理全般がこの類に属する。

　人間の営みがこうした**見えない**構造に規定されているとの考えは, それまでの哲学や思想において人間の思考や行動を規定すると考えられていた, 人間の「**意識**」にいわば代わるものとして提案されたと見ることさえできる。「構造」と「構造主義」は, 人文科学の方法論におけるそれほど大きな事件だった[3]。

アメリカ構造主義

　「構造主義」という言葉を含むが上の構造主義とはまったく別の学派がある。20世紀の前半に盛んだった「**アメリカ構造主義言語学**」がそれで, 中心人物はL. ブルームフィールド(Leonard Bloomfield, 1887-1949)である。ネイティブ・アメリカン諸語のような未知の言語の仕組

---

3) レヴィ＝ストロースのように, 構造主義を人間文化の諸領域に広く適用してゆく考え方から「記号学」という学問領域も派生した。

みを解明しようとする中で考案され洗練された，一連の手続きと方法論を成果とする。

　ある言語の全体像を「**記述**」するプロセスは次のような段階を踏んで進行する。すなわち，①調査や観察によって得られた所与の音声データから，まず出現する音声のリストをつくり，②それらがどのように出現するかの「**分布**」を整理して，機能的な単位——音がどのように用いられるかまで考えて設定される「**音素**」——にまとめ上げ，③次には音がどのような決まりに従って結合して単語になるかを整理し，④単語が何をどのように切り取って意味を表すかをリストアップし，⑤さらには単語がどのような決まりに従って結合されて文となるかを整理する。この５つの段階は各々，①**音声学**，②**音韻論**，③**形態論**，④**意味論**，⑤**統語論**，と呼ばれる。このプロセスの目的を一言で言えば，ある（未知の）言語の「**辞書**」と「**文法書**」をつくることである。現在でも，『言語学』という名の教科書にはこのような目次が載っていることが多く，諸言語を記述してゆく手続きおよび方法論としては，アメリカ構造主義言語学の手法は現在でも生きていると言うことができる。

2．チョムスキーと生成文法

　言語学の世界では，構造主義に少し遅れる1950年代後半から，「構造」をさらに根源的(ラジカル)かつ動的にしたような，抽象度のきわめて高い演繹(えんえき)的原理を擁した学派が登場した。**N. チョムスキー**（Noam Chomsky, 1928-）の提唱する「**生成文法**（Generative Grammar）」である。強い形式性と独特の概念や用語に加えて，10年ほどの周期で大きな変革があって様相がかなり変わるため，全体像を捉えることが容易でなく，簡単に解説することも容易でない。それゆえ，ここでは，考え方として新しい言語学と特に対照的な点を２つだけ取り上げて，それらを普通の言葉で説明

することを試みる。

　まず1つは，学派の名前ともなっている「生成」について。人は，これまで誰一人として口にしたことのない文であっても，文法的に正しい文をいくらでも作ることができる。ということは，私たちの脳の中には，正しい文を無限に「**生成**」することのできる（おそらくそれほど多くない数の）**規則**（rule）の集合が収められていると考えなければならない。生成文法はそうした規則の集合を「文法」と考え，その種類や文の生成の仕方を解明しようとした。

　文が作られる基本的なイメージは，抽象的な文構造があって，それを変形して具体化してゆく規則によって最終的な文が導かれるというものだった。こうした考え方を採ることで，例えば能動文と受動文のように，明らかに密接な関係があるにもかかわらず，見かけははっきりと異なった文構造をもつ文の対があることも説明できる。例で説明しよう。次の3つの表現は，それまでの文法では，それぞれを個々に説明することはできても，三者間の連続性を説明することが難しかった。

(1) a. 能動文
　　 The troop attacked the town.（その部隊が町を攻撃した。）
　 b. 受動文
　　 The town was attacked by the troop.（町はその部隊に攻撃された。）
　 c. 名詞句
　　 The attack of the town by the troop（その部隊による町の攻撃）

　出来上がりの形としては，a は攻撃した the troop を主語として動詞 attack がそのまま過去形で使われている能動態の文，b は攻撃された

the town を主語に立て、それと合わせて動詞が be attacked という受身形になっている受動態の文、c は a や b の述語を名詞化することで、文相当の意味内容を句の形で表している名詞句、と三者三様であり、それぞれに対する説明も異なったものになる。

しかしながら、意味を考えてみればわかるように、この3つは全体としても、また部分の意味的な関係としても、共通性が大きいことは明らかである。例えば日本の学校で教わるときでさえ、b の受動態は、a の2つの名詞を入れ換えて動詞の形を be＋過去分詞に変え…、という具合に説明されることが多い。実はこれこそ、初期の生成文法が大きく取り入れていた**変形**というプロセスである。上の a b c は、大もとにある同じ意味をもった抽象的な文構造（深層構造）から派生される異なる3つの形として捉えられた。この場合、a の能動文はほぼ深層構造そのままであり、深層構造に「受動化」という変形規則を適用して得られるのが b の受動文で、動詞句 attack … に「名詞化」という規則を適用して得られるのが c の名詞句という具合に説明された。受動化規則の適用を図式的に示しておく。

(1) b 受動文の生成プロセス

深層構造	the troop	attacked	the town
	1	2	3
受動化変形	3	be［過去］＋2［過去分詞］	by＋1
	the town	was attacked	by the troop

文がはじめからあるというよりも生成されるという考え方、そしてその際の変形という考え方は、出来上がりの形の相違にもかかわらず互いに密接な関係をもっているというあり方に対し、合理的な説明を与えるこ

とができる[4)]。

　抽象的な式や原理から具体的な形を導き出すことを演繹というが，いま見た生成の考え方は典型的な演繹的説明であるし，これから述べる2つ目の点でも非常に演繹的である。2つ目の点は,「普遍文法」と現実の諸言語との関係についての考え方である。世界のたくさんの言語について，文法を構成している規則の種類やその適用法がわかったとしたら，それらを比較対照することによって，世界の言語に共通の普遍的原理を見出(みいだ)すことができるだろう。諸言語の文法に共通な要素や原理を集約したものは「普遍文法」と呼ぶことができるはずである。生成文法の大きな仮定の1つに，人間は「**生得的な言語能力**」をもっているというものがある。言語能力をもった幼児は普遍文法をもっている。普遍文法は，そのままではまだ何語の形にもなっていないが，生育過程のある時期にある特定の言語に触れることで，具体的なその言語として習得されるというわけである。このことを例で考えてみよう。

　世界に数千あるどんな言語でも，
　　何か（X）について，それがどうだ（Y）
　　何か（X）が他の何か（Y）に対して何かをする（Z）
を表せない言語はない（だろう）。それを，例えば日本語では，

　(2-J)　X＝花，Y＝きれい
　　　→　花がきれいだ。
　(3-J)　X＝麻里，Y＝健人，Z＝叩いた
　　　→　麻里が健人を叩いた。

といった具合に表す。他方，もし英語なら，各々，

---

4) 変形という考え方そのものについていえば，このように異なる形の文や句にいちいち固有の変形規則があると考えると，たちまち変形規則だらけになってしまうことが気づかれ，むしろ多様な規則のうちにある共通性を抽出して規則の数を制限する方向に転じることとなった。

(2-E) X=the flower, Y=beautiful
　　→ The flower is beautiful.
(3-E) X=Mary, Y=Kent, Z=hit
　　→ Mary hit Kent.

といった具合になる。それぞれの出来上がりの形は大きく異る一方，XとYが何かで結ばれていることや，XとYがZという行為によって関係づけられていることなどは共通している。そうであれば，例えばそこまではどの言語でも共通の仕組みと仮定しておいて，その先で，日本語はそれを「…が…だ」のような形で結びつける言語，英語は"… is …"のような繋ぎの言葉（コピュラと呼ぶ）によって結びつける言語である，と規定すればよいのではないか。あるいはまた，日本語は［Xが＋Yを＋Z（する）］という順序で単語がつながれるが，英語では［X＋Z＋Y］の順序でつながれるという相違があることを，「語順」についての基本的な情報として登録しておけばよいのではないか，と考える。

　このように考えるなら，普遍文法と現実の諸言語との関係は，普遍文法から出発して，基本的な語順や語のつなぎ方などについて，そのつど"スイッチ"のようなもの——「パラメータ，変数」と呼ばれる——の選択によって諸言語のタイプが決定されていくという関係となる。生成文法は，普遍文法と具体的な諸言語の文法との関係を，幼児による言語習得過程についての考え方に重ねて捉えようとする。幼児の言語習得とはこの関係を（比較的短い）時間の経過の中でなぞることであり，具体的な特定の言語に触れる中で，各パラメータの値を決めてゆくプロセスとして捉えられることになる。

　以上，ソシュールから構造主義，生成文法へという「旧言語学」の流れをごく大づかみにしてきた。あらためて振り返るなら，旧言語学は，

言語の研究が「言語学」という1つの自律的な学問として成り立つのか？成り立つとしたらどのような学問になるのか？という問題意識から出発して発展してきた。それで，眼目として，言語とは何か？言語の文法とはどんなものか？ということが視野の中心にあったと言える。旧派の言語学がどれも，言語をシステムと見て，それを構成している仕組みを解明しようというスタンスの点で共通しているのはそのためである。

3. 心理と社会から見る人間の学：新しい言語学

　少し大胆な言い方が許されるなら，旧言語学は言語というものを，すべての動物の中で人間だけに備わっている，人間と人間の文化の特別かつ**普遍的な仕組み**として，その謎を解明しようとしてきたように見える。しかし一方，動物たちのコミュニケーションも盛んに研究されるようになり，それまで思われていたよりはるかに複雑なコミュニケーションを動物もしていることがわかってきた。なかでも，チンパンジーやゴリラのような大型の類人猿は，社会と呼び得る集団をもち，駆け引きや交渉をするだけのコミュニケーション力を有することが明らかとなった。また，自然状態では生じなくとも，人為的に訓練すれば，チンパンジーやボノボ（チンパンジー属で小型の類人猿）は人間の幼稚園児ぐらいの言語能力は身につけられるということも判明してきた。そうした中で，旧言語学の基本的な見方は人間と人間以外との間に不連続な線を引きすぎではないか？との目が向けられるようになった。

　そのようにして，言語が人間だけのものであることは事実としても，人間がサルから引き継いでいる能力やヒトになってから発達させた能力など，**心理学的能力**や**社会的コミュニケーション能力**の結実したものとして言語を捉えるべきだと考える人々が登場してきた。言語とて人間の心理的・社会的な能力から独立した仕組みではないだろう，と考えるア

プローチと言ってよい。それがこの科目で取り上げる「新しい言語学」である。

　新派には新派で関心や方法論の違いからいくつかの学派があり，その代表的ないくつかを学んでゆく。関心の分かれ目として最も大きいのは，人間の心理的能力に着目するか社会的能力に着目するかの違いであり，本書の章立てにも反映している。こうしたことを意識して，科目名に副題「**心理と社会から見る人間の学**」を付した。

　前者のアプローチでは，「**認知**」という用語とともに，「**認知言語学**（Cognitive Linguistics）」が代表的である。認知言語学では，生得的な言語能力や普遍文法を仮定しない。対象を"図と地"の関係で捉えたり，参照によって関係づけたり，何かに代表させて捉えたりといった，言語以外でも見られる知覚や判断や了解に関わる人間の一般的な認知能力の反映として，言語と文法を説明しようとする。また，比喩による把握についても，人間が世界を了解しようとするときのむしろ基本的な方法として重視する。現在の認知言語学を代表する人物の1人に**R. ラネカー**（Ronald Langacker, 1942- ）がいる。

　認知言語学の考え方に立つと，言語習得の捉え方も大きく変わることになる。言語に特化した生得的能力は仮定されず，実際に使用された言葉が定着し慣用化してゆく過程として捉える帰納的アプローチとなる。代表的な人物として，上のラネカーのほか，**M. トマセロ**（Michael Tomasello, 1950- ）らがいる。言語は，互いに何かを要求したり知らせたり共有したりといった，より一般的なコミュニケーションの動機を基盤としていると考えられ，それゆえ指さしや模倣など，共有志向性の心理的基盤が重視される。

　言語の仕組み自体よりもコミュニケーションの活動に関心の中心を移すならば，人はなぜ相手の言いたいことがわかるのか？という点も大き

な問題となる。意図の伝達と推論が可能となる仕組みを考えることは「**語用論（Pragmatics）**」の中心的な関心の1つとなる。意図は心理的だがコミュニケーションは社会的だという意味で，心理と社会にまたがった関心領域となる。こうした位相での語用論に道を開いた人物としては，**P. グライス**（Paul Grice, 1913-1988）がいる。コミュニケーションは会話によって行われる。人は会話の仕方について教わったりはしないものだが，会話の進行にはたしかに何か参加者が従っている秩序があるように思われる。人々は会話によって関係をどう構築・維持しているのだろうか。会話という活動がいかに精巧に組織されているかを明らかにした流れは「**会話分析（Conversation Analysis）**」と呼ばれる。中心人物に，**H. サックス**，**E. シェグロフ**，**G. ジェファーソン**（Harvey Sacks, 1935-1975; Emanuel A. Schegloff, 1937- ; Gail Jefferson, 1938-2008）らがいる。また，コミュニケーションにおける秩序形成について深く考察した社会学者として，**E. ゴフマン**（Erving Goffman, 1922-1982）の存在も大きい。

　近代言語学の父ソシュールは，抽象的な仮構物「ラング」を言語学の対象であるとした。しかし，新派の言語学にとって，言語とはまずもって社会の中で人々に使用されている現実の言語である。社会の相において言語を研究するなら，それはソシュールの「ラング」がどのような・どれほどの差異を内包しているか？それは何を背景とする差異か？といったことが関心の中心になるだろう。そうした学問領域は「**社会言語学（Sociolinguistics）**」と呼ばれる。社会言語学は，社会階層による差異やはたまた自己のアイデンティティによる差異など，様々な言語の変種を考察する。ソシュールの「ラング」が言語の同一性を取り出すための仕掛けだったとすれば，社会言語学は言語の同一性の中にある**多様性**を重視すると言える。そうした観点での社会言語学を広めた人物として

は，W. ラボフ（William Labov, 1927- ）がいる。

　このように，新旧の言語学は，大きな目標として同じ方を向いているけれども，考え方においては諸所で反対を向いていることがわかる。旧言語学が挙げてきた大きな成果は，それはそれで学ぶ価値があるが，それについてはまた別の科目が必要となる。以下，本科目では，こうした意味での「新しい言語学」について，各章で少し詳しく見ていくことにしよう。

参考文献（読書案内）

北川善久・上山あゆみ（2004）『生成文法の考え方』（英語学モノグラフシリーズ）研究社

高梨克也（2016）『基礎から分かる会話コミュニケーションの分析法』ナカニシヤ出版

田中春美・田中幸子編（2015）『よくわかる社会言語学』ミネルヴァ書房

トマセロ，マイケル〔松井智子・岩田彩志訳〕（2013）『コミュニケーションの起源を探る』勁草書房

橋爪大三郎（1988）『はじめての構造主義』（講談社現代新書）講談社

ブーイサック，ポール〔鷲尾翠訳〕（2012）『ソシュール超入門』（講談社選書メチエ）講談社

籾山洋介（2010）『認知言語学入門』研究社

森雄一・高橋英光編（2013）『認知言語学 基礎から最前線へ』くろしお出版

2 | 認知言語学①
―事態の捉え方と言語表現―

森　雄一

《目標＆ポイント》　認知言語学の基本的な考え方を把握したうえで，事態の認知が言語表現にどのように反映しているかを理解する。さらに言葉の彩がどのように発生するか，日本語と英語の事態把握の違いはどのようなものか具体例を通して学ぶ。

《キーワード》　視点，図と地，格助詞，集合的認知と離散的認知，主体化と客体化

1. 認知言語学とは

　言語表現には人間の事態の捉え方が関わる。認知言語学の基本的な出発点は，この考え方に集約される。人間が事物や事態をいかなる形で把握（construe）するか，またそれが言語表現としてどのように現れているかを探究することはきわめて重要である。その関わり方は，さまざまな形で現れ，認知言語学の探究も広範に渡っているが，本書2〜5章では，いくつかの観点に絞って紹介していくこととする[1]。

2. 視点と「図」・「地」

視点と言語表現

　例えば，海に接した平らな砂地をイメージしてみよう。「必死に泳いでなんとか（　）にたどりついた」という場合は「浜」より「岸」の方が入りやすいし，「歩きに歩いてなんとか（　）にたどりついた」とい

1）本章の内容は森雄一・高橋英光編著（2013）『認知言語学　基礎から最前線へ』（くろしお出版）の本章の執筆者執筆箇所及び森雄一（2012）『学びのエクササイズ　レトリック』（ひつじ書房）と部分的に重なるものである。

う場合は「岸」より「浜」の方が入りやすい。同じ場所を海側から見た場合は「岸」、陸側から見た場合は「浜」というように視点の違いによって言葉を使い分けているのである。このように日常の語彙使用のなかで我々は視点の切り替えを頻繁に行っており、これは事態をどちらの視点から捉えるかという認知能力の反映であるといえる。また、次の（1a）と（1b）は同じ事態を表しているが、どちらの人物の視点（立場）から見るかによって別の表現が取られている。

(1) a. 山本さんが田中さんに本を貸した。
　　b. 田中さんが山本さんから本を借りた。

このようなことは、他にも「あげる」と「もらう」、「売る」と「買う」、「教える」と「教わる」の関係にもあてはまる。「あげる」と「もらう」にはこれらと関連した「くれる」という表現もあり、後述したい。

「図」・「地」と言語表現

心理学の用語で「図（figure）」と「地（background）」というものがある。視覚的に見て、図は際立ちが高いもので、地はその背景になるものであるが、言語表現にもこの見方はあてはまる。例えば、私たちは「テーブルの上の人形」という言い方と「人形の下のテーブル」という同じ事態を指す言い方を比べた場合、後者を不自然に感じる。「人形」は小さく、軽く、持ち運びが容易で、「テーブル」は大きく、重く、固定的、上のモノの重力を支える。このため、人形がテーブルの上にある時、人形を「図」、テーブルを「地」とヒトは認知したくなるのである。ある事態を言語表現にした場合の主役と脇役の関係と言ってよい。

日本語の授受表現

　さきほど，「あげる」「もらう」について同じ事態を視点の異なりによって表し分けていることを述べた。日本語の授受表現には「くれる」を用いた表現もあり，例文で示してみよう。

(2) a. 山本さんが田中さんに本をあげた。
　　b. 田中さんが山本さんに本をもらった。
　　c. 山本さんが田中さんに本をくれた。

　(2)の三つの例文はいずれも，本が山本さんから田中さんに移動していることを示している。視点はどちらの人物に置かれているか（どちらの人物の立場から事態を捉えているか）といえば，「あげる」を用いた(2a)は山本さん，「もらう」と「くれる」を用いた(2b)と(2c)の例文は，田中さんということになる。それでは，(2b)と(2c)に差はないかといえば，そんなことはなく，(2b)では田中さんが，(2c)では山本さんが事態の主役（＝図）と捉えられる。他の格助詞ではなく，事態の中核の担う「が」がつくことによってこのようなニュアンスがでている。英語においては，give と receive の2語で表し分けているものを日本語では，「あげる」「もらう」「くれる」の3語で表し分けているのであるが，違いは，日本語においては事態の主役（図）と視点を置く人物を分裂させた「くれる」という表現が用いられるところにある。

3.「格」の表現と認知

　前節で見たような，事態の認知が言語表現に関わる現象として日本語の格助詞を見ていこう。

ガ格の意味と用法

　まずは，ガ格であるが，次にみるように「主体的用法」と「対象的用法」と呼ばれるものがある。

　A 主体的用法
　(3) 顔が赤い。（状態の主体）
　(4) 花子が気絶した。（経験の主体）
　(5) 太郎が本を読む。（動作の主体）
　(6) 雨が降る。（変化の主体）
　(7) ボールが壁にぶつかった。（移動の主体）
　B 対象的用法
　(8) 水がほしい。（状態述語の対象）

　AとBの共通点は，その文における中核的な要素であるということである。これは前節で述べた，「図」（＝主役）と同義である。何をその事態の中で文の中核的要素にするかは，人間の視点にかかっている。例えば，次の (9a) と (9b) では，前者がジョッキを中核的な要素として事態を描写しているのに対して，後者ではビールを中核的な要素としている。

　(9) a. ジョッキがビールで満ちている。
　　　 b. ビールがジョッキに満ちている。

場所を表すニとデの使い分け

　助詞の使い分けが事態の認知に関わるものとして場所を表すニとデの使い分けがある。

⑽私の両親は名古屋（に／で）いる。
⑾あの部屋（に／で）ステレオがある。
⑿食堂（に／で）ランチを食べる。
⒀スタジオ（に／で）主張を述べる。

　上の例文を見た場合，⑽と⑾は存在の場所を表すのでニが用いられ，⑿と⒀は動作の場所を表すのでデが用いられることが自明であろう。しかしながら，述語に存在を表す動詞「ある」が用いられている場合でもデが使われることがある。

⒁a. 体育館（に／で）バスケットボールコートがある。
　b. 体育館（に／で）卒業式がある。

　（14a）は，事物の存在を表すので，ニが用いられているが，（14b）はデが用いられている。これは出来事がその場所で起こることを表しているからである。存在の場所と動作の場所という対立で考えるよりも，事態を静的なものと認知しているか，動的なものと認知しているかという対立で考えるべきものである。次の（15a）の「住む」と（15b）の「暮らす」は近い意味を持つのであるが，前者にニを後者にデを使用するのは，事態を静的なものと動的なものに割り振って捉える認知が反映しているためである。

⒂a. 学生寮（に／で）住む。
　b. 学生寮（に／で）暮らす。

受動文の動作主のマーカーとして用いられるカラについて

⒃のような能動文と受動文のペアを考えた場合，能動文の動作主（この例ではチャレンジャー）は，受動文ではニまたはニヨッテでマークされる。

⒃ a. チャレンジャーがチャンピオンを倒した。
　　b. チャンピオンがチャレンジャー（に／によって）倒された。

この場合，カラは動作主マーカーとして使えない。

⒄ *チャレンジャーはチャンピオンから倒された。

しかしながら，次のようにカラが用いられる場合がある。

⒅新チャンピオンのうちにファンから花束が送られた。
⒆田中さんから頼まれてはいやとは言えない。
⒇山本さんは，みんなから慕われている。

これらの文においてカラを動作主のマーカーとして使用できるのは，行為などの主体から相手に向かって物の移動や言葉の移動，ないしは心的態度の放射があり，動作主が起点として認知できるからである。これらの文が問題なく許容されるものであるのに対して，次のように話者によって許容度がわかれるものがある[2]。

(21)その犬は子供たちから棒で突かれた。

---

[2] 一部の方言において，受動文の動作主マーカーとしてのカラの使用できる場合は，共通語にくらべてはるかに広いことが知られている。

筆者の調査では，(21)の例は半数以上の話者から許容されている（森1995）。これに対して，次のような例はほぼ許容されない。

(22)昨日，犬から嚙みつかれてしまった。

　これは，動作主を起点として捉えられるかどうかという要因が働いていると考えられる。(21)の例は，動作主から対象への棒の動きがイメージしやすく，動作主を起点として捉えられる可能性があるのに対して，(22)の例は，動作主から何かが移動するというイメージでは捉えにくいもので，動作主を起点として捉えられる可能性がほとんどないと考えられる。このような例からも人間の認知が言語表現に関わっているということが認められるであろう。

4. 集合的認知・離散的認知と言語現象

　ここでは加藤（2003）をもとに事態の認知の仕方の違いがどのように対応する2つの文型の違いに反映しているのか見ていこう。題材とするのは，連体数量詞文と遊離数量詞文である。連体数量詞文とは下記（23a）のように「数量詞＋の＋名詞」を用いた文，遊離数量詞文とは下記（23b）のように「名詞＋格助詞＋数量詞」の形を用いた文である。
　この2つの文型は，さまざまな観点から研究が進められてきたがその意味の違いを事態認知の観点から分析することで興味深い知見が得られる。

(23) a. 5個のリンゴがほしいんですが。
　　 b. リンゴが5個ほしいんですが。

直感的には (23b) に比べ, (23a) は奇妙な文で, (23b) が通常使用される文であると感じられる。しかし, 次のようなコンテクストを設定すればどうであろうか。

(24) [青果店に行くと, 「リンゴ2個300円」「リンゴ5個600円」のようにパックされてリンゴが売られている]「5個のリンゴがほしいんですが」

このような状況では, むしろ (23a) が自然で, (23b) は不自然となる。次の(25)のペアではどうであろうか。

(25) a. 2本の地下鉄を乗り継ぐ。
　　 b. 地下鉄を2本乗り継ぐ。

このペアについては (25a) の方がやや固い言い回しに感じられるという以外の違いはないように考えられる。しかしながら, 次のような状況を設定すると「2本の地下鉄」という連体数量詞文を用いた方が自然になる。

(26) a. 丸の内線と東西線という2本の地下鉄を乗り継いで, 日本橋に行った。
　　 b. 丸の内線と東西線という地下鉄を2本乗り継いで, 日本橋に行った。

このような事実などから加藤 (2003) では, 連体数量詞文には, 「集合的認知 (有機的連関のある集合と捉える認知の仕方)」が反映してお

り，遊離数量詞文には，「離散的認知（有機的関連性を持たない複数の（あるいは一定量の）存在と見る捉え方）」が反映していると考えている。

5. 捉え方の細密と言語表現

事物や事態をさまざまなレベルで捉える能力も人間には備わっている。

　　生命体 ― 植物 ― 木 ― 松 ― 赤松
　　（上位レベル）　（基本レベル）　（下位レベル）

上のような事態・事物の段階を上下させる能力をもとに，同一対象に対してさまざまなレベルでの表現を用いることができるが，そのなかでも事態・事物の段階の中間レベルに属し，人間にとって優先的に関わりの対象として選ばれるレベル（最も使用頻度が高いレベル／最初に習得されるレベル／単一の語で表現されることが多いレベル）を基本レベルと呼び，通常の言語使用ではこのレベルが選択される。例えば，次の(27)では「犬」を，(28)では「机」を選択することが普通であろう。

(27) そこの（生命体／動物／犬／秋田犬）をごらん。間抜けな顔をしてるねえ。
(28) （人工物／家具／机／事務用机）の上に書類があるから持ってきて。

我々にとって通常選択する段階があるということは行為の表現についてもあてはまる。例えば，「箒を買った」と述べるのと同じ事態を「棚に並ぶ箒から一本を手に取り，レジに持っていき，財布からお金を取り出し，レジ係にそれを渡し，お釣りとレシートを受け取り，箒を包装し

てもらい，持って帰った」と述べれば，異様にくどい文章となり，そこに違和感としての言葉の彩が発生するであろう。

　必要以上に詳しく述べることを，以上のような文章のレベルではなく，語のレベルで行うこともある。例えば，次の(29)の例を参照されたい。

(29)六時四十分，バスに乗った。各停留所で二人，三人と客が増え，終点の近鉄藤井寺駅前では十七人がバスから降りた。四十二段の階段を上がり，自動改札を抜ける。
　　六時五十八分，阿倍野橋行きの始発準急に乗った。五両編成の最後尾の車両がいちばん空いている。シートに腰を下ろして乗客を数えると，二十八人いた。制服の高校生二人が扉のそばに立ち，あとの二十六人は座っている。(中略)七時十五分，終点の阿倍野橋駅に着いた。下を向いて足許だけを見ながらJR天王寺駅まで歩き，環状線に乗り換える。一台の車両に吊革が百五十二本，中吊り広告が二十八枚。新今宮から芦原橋，大正駅へいたる沿線の情景は瞼に焼きついている。　　　　　　黒川博行「カウント・プラン」

　これはあるすぐれた短編ミステリの一場面である。これを読む我々はかすかな違和感を持つ。普通ならそこまで細かく述べる必要のない数が言及されているからである。「すなおに」概数で表現すればいいところを細かい描写を与えることによって違和感をもたらしている。この小説では，最終的にはこの事態を語っている人物の特異性を説明することによってミステリ的な決着をもたらすのだが，この部分では読者に対して通常表現とは異なるという印象を与えることに成功している，効果的な言葉の彩になっているといえるだろう。

6. 主体化と客体化

　本節では，人間の認知が言語表現に反映したものとして「主体化」と「客体化」という枠組みを簡潔に述べる。Langacker（1990）で提示されている「主体の没入」としての「主体化」とは，次のようなものである。

⑶⓪ Vanessa is sitting across the table from me.
⑶① Vanessa is sitting across the table.
Langacker（1990：20）

　⑶⓪の例文と⑶①の例文を比べた場合，⑶⓪は，事態のなかに自分を存在させることによって，客観的に事態を把握しているといえる。ところが，⑶①は，言語使用者から見たままの事態が描写されたおり，言語使用者もその事態のなかに没入しているといえる。したがって，新聞に自分たちの載った写真が出ていることを表現する次のようなケースでは，⑶②が自然に使われ，⑶③は使いにくいとされる。

⑶② Look! My picture's in the paper! And Vanessa is sitting across the table from me!
⑶③ ?Look! My picture's in the paper! And Vanessa is sitting across the table!
Langacker（1990：20）

　このように，1人称代名詞を消去することによって，事態のなかに言語使用者が没入されるような表現効果をうみだす言語現象は，

Langacker（1990）のいう「客観的に把握されていた事態が主観的に把握されるようになる」という意味で，「主体化」という概念にふさわしいと思われる。以上のように限定した「主体化」を日本語に適用する場合の問題について考える。「主体化」という概念には，客観的な事態把握が通常で，主観的な事態把握はそうではないという意味合いがあるが，それは日本語にはあてはまるであろうか。

あまりに明白な言語事実であるが，日本語の場合，自らの「悲しみ」を独白するのには，普通「悲しいなあ。」という表現を用い，1人称代名詞を用いる「私は悲しい。」「私が悲しい。」という表現を用いるのは，特殊な表現効果を出すためである。これに対して，英語では，このようなケースには，"I am sad."という表現を用い，"*Sad."という形は通常用いない。また，日本語においては，「太郎が私になぐりかかってきた。」「太郎がなぐりかかってきた。」「私は太郎に殴られた。」「太郎に殴られた。」という表現はいずれも成立するが，英語においては，"He hit me." "I was hit by him."のように一人称代名詞を使った表現しか成立せず，"*He hit." "*(was) hit by him."のような表現はなりたたない。即ち，英語の場合は，主格や目的格といった直格の場合は構文上の制約のために「1人称代名詞の明示」という現象が必須のものとなり，言語使用者が事態に没入している場合もそうでない場合も1人称代名詞が明示されることになる。となると，ここからは，次のことが言える，英語の場合は言語使用者が事態に対して没入している表現というのは，構文上の制約からも非常に起こりにくい。したがって，英語に関していえば，この現象を「主体化」という用語で捉えることは当を得たことであるということになる。それに対して，日本語では，構文上の制約がないので，特殊な表現効果をもたらさない文においては，1人称代名詞を使わない，主体が事態に埋没した文が通常であり，「1人称代名詞の明示」という

のは，変わった表現であるということが言える[3]。以上は，次のように整理できるだろう。

> 英語では，主体を客観的に述べるのが通常であり，主体が事態に没入しているように述べるのは変わった表現（「主体化」）である。

> 日本語では，主体が事態に没入しているのが通常の表現であり，主体を客観的に述べるのは変わった表現（「客体化」）である。

日本語の場合，1人称代名詞を明示することにより外側から自己を眺めるような表現効果が生じることがある。次の例を通して考えてみよう。水村美苗『本格小説』の一節で，(34a) が原文，(34b) は1人称代名詞を非明示にしたものである。

(34) a. いつのまにか私の頭の中はセピア色をした日本語で溢れ，私は自分が生きたこともない日本を全身で恋い，もう存在しないその日本に帰る日を昼夜夢見ながら暮らすようになっていた。もちろん私の頭にほかのものが影を落とさなかったわけではない。例えばそこにはいつ誰が買ったとも判らない，ページの端が茶に変色した文庫本の翻訳小説もあった。　　　　　　　水村美苗『本格小説』
b. いつのまにか頭の中はセピア色をした日本語で溢れ，自分が

---

3) しかしながら，自己紹介の場合など，「私は森です。」「森です。」は両方とも違和感なく使えるという問題がある。これは，「客体化」とは別の問題が絡むと思われる。即ち，助詞ハとともに，1人称代名詞を用いることにより，その文の主題を明らかにするという別の機能をこの場合行っていると考えられる。このように，係助詞，副助詞とともに用いられるときは，「客体化」という観点からだけ，「1人称代名詞の明示」を考えることはできない。また，助詞ガと用いられるときでも，特定（総記）のニュアンスを出すために，「1人称代名詞の明示」が行われるときもあるが，この場合も「客体化」とは，切り離して考える必要があるのである。

生きたこともない日本を全身で恋い，もう存在しないその日本に帰る日を昼夜夢見ながら暮らすようになっていた。もちろん頭にほかのものが影を落とさなかったわけではない。例えばそこにはいつ誰が買ったとも判らない，ページの端が茶に変色した文庫本の翻訳小説もあった。

この2つの文章はどちらがより自然とはいえない。しかしながら，両者を読み比べてみると，(34a) の方は，自己を外側から眺めて描写している感じが強く，現在から過去の自分を冷静に眺めて振り返るという表現効果が出ている。それに対して，(34b) は，その過去の自分の視点からその時の事態を描写するという感じである。この文章は「思えばあのころの私には三つの世界があった」と前置きして過去の自分を回想する場面で，その「三つの世界」の「二つ目の世界」について語っている。単に過去に埋没して，その視点から描写するのではなく，三つの世界を対比的に捉え，過去の自分について見つめ直すということからは，「客体化」的な表現をとる (34a) の方がふさわしいと言えよう。

引用文献

加藤重広（2003）『日本語修飾構造の語用論的研究』ひつじ書房
森　雄一（1997）「受動文の動作主マーカーとして用いられるカラについて」
　『茨城大学人文学部紀要（人文学科論集）』第30号，83-99.
Langacker, Ronald W.(1990) Subjectification *Cognitive Linguistics* 1-1, 5-38.

参考文献

大堀壽夫（2002）『認知言語学』東京大学出版会
西村義樹・野矢茂樹（2013）『言語学の教室　哲学者と学ぶ認知言語学』中公新書
野村益寛（2014）『ファンダメンタル認知言語学』ひつじ書房
籾山洋介（2014）『日本語研究のための認知言語学』研究社
森　雄一・高橋英光編著（2013）『認知言語学　基礎から最前線へ』くろしお出版
山梨正明（1995）『認知文法論』ひつじ書房
ディヴィッド　リー［宮浦国江訳］（2006）『実例で学ぶ認知言語学』大修館書店

3 | 認知言語学②　―比喩―

森　雄一

《**目標＆ポイント**》　比喩が何故認知言語学において重要なのか理解したうえで、シミリー（直喩）、メタファー（隠喩）、メトニミー（換喩）、シネクドキー（提喩）の4タイプの比喩がそれぞれどのようなものか実例を通して学ぶ。
《**キーワード**》　比喩，シミリー，メタファー，メトニミー，シネクドキー

1. 認知言語学と比喩

　われわれは新しく出くわしたものを既知のものを通して理解したり説明したりすることをよく行う。例えば、海外から新しい事物や考え方がもたらされ、それが日本の従来の体制にとって脅威になるとき「黒船（の襲来）」という表現がよく用いられる。これはもちろん、幕末に訪れたペリー率いる艦隊が当時の日本に大きな脅威を与えたという経験を新たな事態にあてはめて理解しようとしているのである。例えば下の2つの新聞記事は、1990年代初頭の巨大玩具販売店の日本への進出と2010年前後のスマートフォンの普及についてそれぞれ述べたものである。

(1)茨城県阿見町に20日オープンした、米国最大のおもちゃチェーン店「トイザラス」の日本第1号店は、ベビーフード、紙おむつ、自転車、衣類などもそろえ、子供用品のデパートといったところだ。大人は、黒船襲来にたとえて脅威と受け止めたが、開店初日にやってきた子供

たちはこの巨大なおもちゃ箱をどう見たのだろうか。

(1991年12月21日 朝日新聞朝刊)

(2)「iPhone はまさに『黒船』だった。太平の時代が終わってしまった」。NEC 幹部は唇をかむ。スマートフォンが普及する以前，国内市場は国内メーカーがほぼ独占していた。NEC の遠藤信博社長は「安定して年間 4 千万台の買い替え需要があり，それを国内の数社で分け合うだけのビジネスだった」と振り返る。

(2013年3月29日 朝日新聞朝刊)

　このようにある事態・事物を別の事態・事物に置き換えて表現しているものが比喩であり，思考が言語表現に反映されたものという観点から認知言語学にとって重要なテーマとなっている。比喩には上の例のような 2 つの事物・事態間に類似性があるタイプである，シミリー（直喩）・メタファー（隠喩）と，類似性があるとは言えないが思考が言語に反映していることによる置き換えと考えられるメトニミー（換喩）・シネクドキー（提喩）と呼ばれるものがある，以下それぞれについて説明していこう[1]。

2. シミリーとメタファー

　置き換えるもの（喩(たと)えるもの）と置き換えられるもの（喩えられるもの）との間に何らかの類似性が見られるタイプの比喩にはシミリー（直喩）とメタファー（隠喩）という 2 つの類型が立てられる。

　シミリーとは「君の瞳は宝石のようだ」のように，比喩であることを示す標識（この場合は「ようだ」）が表現のなかにあるものである。このような標識としては，他にも「みたいだ」「同じだ」「同然だ」といっ

---

1) 本章の内容は森雄一・高橋英光編著（2013）『認知言語学　基礎から最前線へ』（くろしお出版），多門靖容・半沢幹一編（2005）『ケーススタディ　日本語の表現』（おうふう）それぞれの本章の執筆者執筆箇所及び森雄一（2012）『学びのエクササイズ　レトリック』（ひつじ書房）と部分的に重なるものである。

た文末形式や「あたかも」「まるで」といった副詞が含まれる。変わった標識としては「彼女は女王様よろしくすました態度で皆に接した」「名探偵よろしく謎を解いた」の「よろしく」のように，喩えるものと喩えられるものが人間に多く，かつ冷やかしや詠嘆のような特定の文脈でしか用いられないものもある。

メタファーの方は「君の瞳は宝石だ」のように「AはBだ」という形を取る場合と「君の宝石（＝瞳）を見つめていたい」のように喩えるもの（この場合は「宝石」）のみが文中にあらわれ，喩えられるものは隠されている場合がある。

シミリーとメタファーにはそれぞれの優位点があると言われている。メタファーの優位点は，よりスマートな言語表現であるということでわかりやすい。シミリーの優位点とはどのようなものであろうか。例えば，唐突に人から「君は豆腐だね」といわれたとしよう。この場合，我々はとまどう他はない。それに対して，「君は豆腐のような人だね」という表現なら少なくとも，相手が自分を喩えようとしていることはわかるし，われわれは，その由縁を考えようとするであろう。文芸作品においても同じことで，シミリーは標識に支えられて思い切った飛躍ができる表現と考えられる。

3. 概念メタファー

概念メタファーとは

日常言語のなかに浸透し，単発ではなく体系的に用いられているメタファーをアメリカの言語学者ジョージ・レイコフと哲学者マーク・ジョンソンのコンビが分析し，概念メタファーと名づけている。以下に日本語のなかの概念メタファーの例を見てみよう。

(3) a. 飲み込みの悪い人
　　b. 嚙(か)み砕いた説明
　　c. 名言を咀嚼(そしゃく)して味わう。
　　d. 理論を未消化のまま書かれたレポート

　上の例に見るように，物事を理解することを食物の摂取活動に置き換えて表現しており，これがセットをなしている。これらの表現の根底に＜物事を理解することは食物を摂取することだ＞という概念メタファー／思考過程があると考えられる。つまり，概念メタファーは心のレベルで存在し，それが具体的な言語表現として表れたのが上の（3a-d）のような例である。このような概念メタファーは，われわれの用いる言語の根幹をなすといってよいほど，多量かつ多様に存在する。概念メタファーは一般的に言って，抽象的で捉えにくいものを具体的なイメージで捉えているものが多い。例えば，人生のいろいろな局面を「門出」「旅立ち」「回り道」「分かれ道」など旅に関わる語で捉えた表現は＜人生は旅である＞という概念メタファーによるものであるし，時間について「費やす」「無駄遣い」「足りる／足りない」などの金銭に関わる語で捉えた表現は＜時間は金である＞という概念メタファーの表れである。
　このような概念メタファーを背景にして新奇な表現が作られることがある。中村草田男に「葡萄食ふ一語一語の如くにて」という俳句があるが，葡萄を食うという具体的なことがらの比喩に，言葉という抽象的なものを使っていることの意外性にこの句の妙味があるといってよい。

液体の概念メタファー

　日本語のなかには，液体でさまざまな事物・事態を表す例が豊富に存在する。「流れる」は，「時が流れる」，「試合が流れる」のように用いら

れるし,「あふれる」は,「参列者が歩道にあふれる」,「彼は自信にあふれている」のように用いられている。「蒸発した女」のように, 気体に変わることで見えなくなることを喩えた表現もあれば,「場の空気が凍る」,「身も凍る恐怖」のように固体化して固まってしまうことを表す表現もある。そのなかで液体を表す表現が, 日常語のなかに浸透し体系的に多く用いられるという, 概念メタファーに該当すると思われるのは言語と感情を液体で表した表現であろう。

　感情を液体で表す概念メタファーは,「相手の気持ちを汲む」,「愛情をそそぐ」,「好意にあふれる」,「嬉しさで胸が一杯になる」,「情熱がほとばしる」,「激情に押し流される」,「ふつふつと怒りがわきあがる」など多様な表現がそれに見られる。また, 言葉を液体で表す概念メタファーには野村（2002）という優れた分析が存在する。

　この分析をもとにして次の(4)〜(6)の例を見てみよう。言葉を液体で捉える表現が日本語には多種多様に存在することに驚かれるのではないだろうか。また,(4)〜(6)でそれぞれ言葉と液体のどのような面に注目して言葉を捉えているか, 違いも見て取れることだろう。

(4) a. 言葉を絞り出す。
　　b. 仕事を辞めるつもりだと太郎が漏らした。
　　c. 太郎は子供が世話が焼けるとこぼす。
　　d. 堰を切ったように話す。
(5) a. 言葉を汲む。
　　b. 一言洩さず聞く。
　　c. 彼女の言葉が心／身にしみる。
(6) a. 淀みなく話す。
　　b. 立て板に水を流すように話す。

c. 言葉を濁す。

　これらはいずれも「液体としての言葉」という概念メタファーとして捉えることができるが，言葉と液体のどのような面に注目するかによって，さらに細かく類型化できそうである。(4a-c) の動詞，「絞り出す」「こぼす」「漏らす」はいずれも液体の放出に関わる動詞で，この場合は言葉の放出に用いられている。(4d) の「堰」（水量の調節などのために，川の途中や池・湖の出入り口において流れをせきとめるもの）は，言葉という液体の容器としての人間の身体を喩えていると言える。(4d) は，人間の身体がせきとめていた言葉がそれを破って放出されているというイメージである。以上の表現は，「言葉を話す／書くことは液体を発することである」という概念メタファーとして整理することができる。

　聞き手に向けて発せられた液体としての言葉は，やがて聞き手のところに到達する。到達した言葉は，聞き手によって受け取られることになるが，これらを言語化したのが，例えば (5a-c) に見られる表現である。能動的な「汲む」「洩さず聞く」のような表現の場合もあれば「しみる」のような受動的な表現の場合もあるが，このタイプは「言葉を聞く／読むことは液体を受け入れることである」という概念メタファーとして整理される。

　液体としての言葉を発し，それを受け止めることを表す言語表現であった(4)(5)に対し，(6)の表現は液体についての別の観点が現れた表現である。(6a-b) は，「言葉の流暢（りゅうちょう）さは液体の流れの速度である」と特徴づけられる。(6b) は特に興味深い表現である。ここでは「立て板」とは「舌」であり，その上を液体としての言葉が流れていくものと捉えられている。液体は透明だと底まで見ることができるが，濁っていると

そうはいかない。「理解することは見ることである」という概念メタファーが独立に存在し，これが液体としての言葉という考えと組み合わされると「言葉の理解しやすさは液体の透明度である」というメタファーができ，(6c)のような表現に表れる。

　以上，さまざまな観点から言葉を液体として捉える発想が日本語のなかにあることを見た。以上を図式的に整理すると**図3-1**のようになろう。液体の持つさまざまな側面が言葉に反映されていることを見られたい。

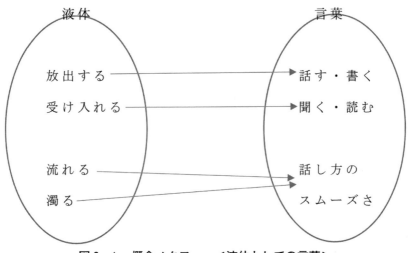

図3-1　概念メタファー＜液体としての言葉＞

4. メトニミーとシネクドキー

　本節では，シミリー，メタファーとは異なり，2つの事態・事物間に類似性がないタイプの比喩であるメトニミーとシネクドキーについて解説する。いずれも認知言語学にとって重要な概念である。

メトニミー（換喩）とは何か

　伝統的にメトニミー（換喩）は，近接性を基盤にした比喩であると規定されてきた。ここでいう近接性というのは，文字通り接近している2つの事物の関係を言うものから事態・事物の間の何らかのつながりを捉えているものまで広範囲に指す概念と考えていただきたい。まずは，その規定をもとにして具体例を説明してみよう。

(7) a. 春雨やものがたりゆく蓑と傘
　　b. 鍋が煮えている。
　　c. 福沢諭吉がもっとあったらなあ。
　　d. 稲荷町の芸は味わいがある。
　　e. 春樹はいつも面白い。

　(7a) は与謝蕪村の発句である。「蓑を着ている人物」「傘をさしている人物」を「蓑」「傘」と表現している。このように，人物をその身にまとうもので置き換えて表現するのは，文学作品に限らずよく見られる現象である。あだ名でも，いつも赤いシャツを着ている人物を「赤シャツ」，メガネをかけている青年を「メガネ君」と呼ぶことなどがこの類例としてあげられるだろう。また，童話の主人公であるいつも赤頭巾をかぶっている女の子を「赤頭巾ちゃん」と呼んだり，駅で旅客の荷物を運ぶのを職業にする人を，赤い帽子をかぶっていることから「赤帽」と呼ぶのも同様に考えられる。(7b) の「鍋」は，「鍋の中の料理」を表し，字義通りの意味とは，中身と容器の関係にある。(7c) の「福沢諭吉」は，「一万円札」で，字義通りの意味とは，部分（お札の肖像画）と全体（お札）の関係にある。(7d)「稲荷町」は落語家の八代目林家正蔵（彦六）を指す，場所と住民という関係にあり，(7e) の「春樹」

は,「(村上)春樹の作品」で,作者と作品といった関係にある。これらも字義通りの意味と表現される意味が近い関係をなしており,メトニミーの例と考えられる。

注意してほしいのは,これらは単なる省略表現ではなく,言語によって表現されている部分を際だたせる表現効果を担うレトリックであるということである。例えば,(7a)の例でいえば,「蓑を着ている人物」全体の中で,「蓑」をクローズアップし,そこに読み手の意識が向かうようになっている。ここで見た他のメトニミー表現も同様の観点から考えることができる。メトニミーには次の(8)でみるような時間的な関係の近さを基盤とするものもある。

(8) a. まげにはさみを入れる。
　　b. 袖を絞る

(8a)「まげにはさみを入れる」で「まげを切る」という意味になる。「切る」行為のプロセス全体の中で,はじめのプロセスである「はさみを入れる」行為のみで全体を表現している。これは,時間的に連続したプロセスにおいて「(はじめの)一部分」と「全体」の間の関係の近さを基盤にしたメトニミーである。(8b)「袖を絞る」は「ひどく悲しんで泣く」という意である。ひどく悲しんで泣けば涙で袖が濡れ,濡れた袖を絞らざるをえない。この場合,後続する「袖を絞る」という行為によってそれに先立つ「ひどく悲しんで泣く」という行為を示す表現になっているのであり,時間的に先行する行為と後続する行為という近い関係を基盤にしたメトニミーとなっている。

認知言語学からみたメトニミー

　ここでは，先に述べたメトニミーが認知言語学によってどのように捉えられているか述べる。ポイントは２つある。①伝統的な観点では，ある概念とそれと近接した概念による置き換えがメトニミーだと考えられていたが，その背景にはどのような認知能力があるかということ，②必ずしも置き換えとは捉えられない現象についてもメトニミーと考えて良いのではないかということの２点である。

　まずは，参照点能力という認知能力とメトニミーとの関わりから述べる。参照点能力とは，R.W. ラネカー（R.W.Langacker）によって提起された考え方で，「ある対象を把握あるいは指示する際に，その対象を直接捉えるのに何らかの困難を伴う場合に，別のより把握しやすいもの，すでによくわかっているものを参照点として活用し，本来把握したい対象を捉えるという認知能力」（籾山 2002：21）のことであり，この能力を基盤としてメトニミーを考えるのが有力な考え方である。さきほどの（7b）の例をもとに図示してみよう。

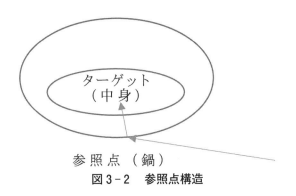

図３-２　参照点構造

　上に図示したように外側にあり目立つ鍋を参照点として，その中にあり目立たない鍋の中身（鍋料理）を指し示すことを行っている。これは，

人間の事物の認識としてはよく生じることである。従来メトニミーの基盤とされてきた「近接性」を参照点能力の発現と捉えることで，単なる言葉の彩に関する現象にとどまるのではなく，人間の認知能力との結びつきで考えることが可能になった。

　ここまでに例示したメトニミーは，字義通りの表現がそれと隣接したものによって置き換えられるというものであった。それと連続的な現象と考えられるもので，そもそも何が本来の字義通りの表現か明らかでないものもある。次の(9)を通して見てみよう。

(9) a. 明日は学校がない。
　　b. 学校が火事だ。
　　c. 学校からの連絡がまだない。

　(9a)の「学校」は通常，学校で行われる授業と解釈されるだろう。また，(9b)の「学校」は校舎をさし，(9c)の「学校」は，そこで働く教職員をさしていると考えられる。これらは，いずれも「学校」という言葉で表現される領域のなかに属し，相互に密接な関わりをもっているが，このなかのどれが本来の意味かということを決めることはできない。このような現象は置き換えという考え方だけではそのメカニズムを十分に説明できず，次のような認知能力を考えなければならない。

　ある表現の複数の用法間に換喩的な関係がある場合の多くには，このように百科事典的な知識のまとまり（フレーム）全体にアクセスした上で，その異なる局面や段階に焦点を合わせる，という能力が関与していると考えられる。
　　　　　　　　　　　　　　　　　　　　　　（西村　2004：101）

この記述に見る百科事典的な知識とは，狭義の言語的（辞書的）な知識だけでなく，通常言語外的な知識とされるものも含む。前述の例でいえば，「学校」から連想される知識の総体と考えることができよう。
　このような認知能力が関与しているという考え方からは，動詞の多義についても同様にメトニミーとして考えられる。「しぼる」という動詞の表す行為は，対象に力を加えるという行為の過程とその対象から水分が出てくるという行為の結果の両方を合わせ持つが，「オレンジをしぼる」の「しぼる」は過程に焦点があたっている表現と考えられ，「ジュースをしぼる」の「しぼる」は結果に焦点があたっている表現と考えられる。この場合も「しぼる」という行為の2つの側面の間で焦点が移動していると考えれば，(9)と同様にメトニミーであると言えるだろう。

シネクドキーと認知言語学
　シネクドキー（提喩）とは類と種の関係に基づく比喩と規定される。「類─種関係」は，カテゴリー階層の上下関係と同様なものと考える。例をあげれば，「生命体─動物─人間」のような関係で，カテゴリーの上位側を「類」，下位側を「種」と考えているのである。よくとりあげられる例に「花見」というものがある。「桜」という種を意味するところに「花」という類が用いられており，図示すると**図3-3**のようになろう。
　無数にある種のなかで，「桜」のみを類である「花」が置き換えた表現となっている。「チューリップ」や「つつじ」や「ひまわり」や「ばら」を見に行っても「花見」とは言わないのは興味深い現象である。この反対に，種で類を表すシネクドキーもあるが，このあと多数，例がでてくるのでここではこの例のみ導入として紹介した。

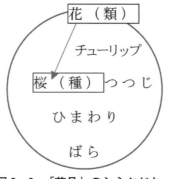

図3-3 「花見」のシネクドキー

　用語の問題としてシネクドキーを考えた場合，実はさまざまな規定がなされてきた。しかしながら，認知能力の観点から考えると，ラネカーが「事態把握（construal）の一面は，ある状況を特定性のどの段階で認識し表現するかということにある。(特定性の段階とは) thing - object - vehicle - car - Dodge - Dodge Colt というつながりのなかでは，各表現がその右側の，より詳細な特徴を持つという意味でそれを具現化する表現に対してスキーマティックな関係にあることである（Langacker 1999：206）」と述べているような，カテゴリー階層のなかでどの特定性のレベルで事態を把握するのかに関わる認知能力の独立性を重んじ，シネクドキーを上述の「類─種関係（カテゴリー階層の上下関係）」に限定した概念とする考え方を採用する。詳しくは以下に用例とともに説明する。

シネクドキーの諸例

(10) a. 彼はまったくの内弁慶だ。
　　 b. 彼女は昔，横町の小町と呼ばれていたんだよ。

(10a) の「内弁慶」は，家のなかでは強くて威張るが外では小さくなっている人のこと。「強くて威張っている人」をその代表事例である「弁慶」によって表現している。(10b) の「横町の小町」は，横町（表通りから横に入った細い通りに面した町並み）にいる美しい女性のこと。「美しい女性」をその代表事例によって表現している。このような，あるカテゴリー全体（類）をその下位に所属するもの（種）で表現したり，逆にその下位に所属するもの（種）をカテゴリー全体（類）の名前で表現するような比喩がシネクドキーである。⑽はいずれも代表人物でその属するカテゴリーを表すというタイプのシネクドキーであった。以下では違うタイプのものを見てみよう。

　⑾ a. せともの
　　 b. からつもの

　(11a) の「せともの」も (11b) の「からつもの」もいずれもそれぞれの地方で作られる陶器が陶器全体を表す。カテゴリーの下位に属するもので，そのカテゴリー全体を表すという点で，シネクドキーである。⑽⑾のように，カテゴリーの下位に属するものが，そのカテゴリー全体を表すというシネクドキーは，日常の言語のなかによく見られる。例えば，一つの企業の商標名が，その属するカテゴリーの総称として使われることは，非常によくある現象である。例をあげると，「ウォークマン」は，一企業の製品名だが，携帯用カセットテープ再現機の総称として用いられていた。「ホッチキス」「サランラップ」などもその類の意味拡張がおこったものである。また，「一目置く」「仕切り直し」などある分野での専門用語が，一般に拡大して用いられているのもこのタイプである。また，⑿で扱うようなタイプもある。

⑿ a. 百計をめぐらす
　 b. 千載一遇
　 c. 万人向き

　(12a-c)のなかの数字表現は,「百」「千」「万」という数をそれぞれ表すというよりも,「非常に多い」ことを示しているといえるが, これは,「多数」というカテゴリーを, それに属する具体例によって表現しているという意味でシネクドキーになっている。これらもまた, カテゴリーの下位に属するものが, そのカテゴリー全体を表すシネクドキーである。

　カテゴリー全体の名称で, その下位に属するものを表すというシネクドキーで, 日常の言語の中に見られるものとしては,「今日は天気だ」という表現で「今日は良い天気だ」という意味を表したり,「彼は身長がある」という表現で「彼は背が高い (高身長である)」という意味を表すというような, カテゴリー名で, 所属メンバーのうちプラス方向の意味を持ったものを表すようなものがある。また, これと異なり, 修辞的効果をねらって使われる場合もあるが, そのようなタイプのシネクドキーを次の⒀で見てみよう。

⒀ ロナウド・ルイス・ナザリオ・ダ・リマ。二十世紀最後の, そして二十一世紀最初のスーパースターになるであろう生命体のフルネームである。(日本経済新聞　1998年5月17日朝刊)

　「生命体」という上位カテゴリーの名称を使ってある「人物」を表しているという点でシネクドキーである (「人物」は「生命体」の下位カテゴリーに属する)。この表現を用いることによって, ロナウドの人間

としての他の特徴が捨象され，いわば原始的な生命力が強調されて，サッカー選手としての怪物ぶりが強調されている。この場合は，「生命体」－「動物」－「人間」という既存のカテゴリー体系を利用したものであった。このタイプの提喩には，「～のもの」などの表現で上位カテゴリーを臨時に設定し，それによって通常の使用語に置き換えるタイプもある。

⒁a. 堅田の浮御堂に辿り着いた時は夕方で，その日一日時折思い出したように舞っていた白いものが，その頃から本調子になって間断なく濃い密度で空間を埋め始めた。（井上　靖『比良のシャクナゲ』）
　b. 白いものの無数に混じった脂気のない頭髪が，杉山の鈍い眼光を覆い隠した。（宮本　輝『道頓堀川』）

　(14a) の「白いもの」は「雪」を，(14b) の「白いもの」は，「白髪」をそれぞれ表している。いずれも，「白いもの」というカテゴリーを上位に設定することによって，その下位に属することになるものを表現するタイプのシネクドキーである。「白いもの」というシネクドキーを用いることによって，「雪」「白髪」の持つ他の属性が捨象され，「白い」という特徴が強調されるという表現効果が現れているのである。

引用文献

西村義樹（2004）「換喩の言語学」成蹊大学文学部学会編『レトリック連環』風間書房，85-108.

野村益寛（2002）「＜液体＞としての言葉　日本語におけるコミュニケーションのメタファー化をめぐって」大堀壽夫編『認知言語学Ⅱ：カテゴリー化』東京大学出版会，37-57.

籾山洋介（2002）『認知意味論のしくみ』研究社

Langacker, Ronald W. (1999) *Grammar and Conceptualization* Mouton de Gruyter

参考文献

佐藤信夫（1992）『レトリック感覚』講談社学術文庫

瀬戸賢一（1997）『認識のレトリック』海鳴社

鍋島弘治朗（2011）『日本語のメタファー』くろしお出版

森　雄一（2012）『学びのエクササイズ　レトリック』ひつじ書房

山梨正明（1988）『比喩と理解』東京大学出版会

G. レイコフ＆M. ジョンソン［渡部昇一・楠瀬淳三・下谷和幸訳］（1986）『レトリックと人生』大修館書店

4 | 認知言語学③ ―カテゴリー化，多義語と意味変化，文法化―

森　雄一

《目標＆ポイント》　まず，事態・事物をグループ分けして言語表現に表すカテゴリー化の働きを把握する。次いで，カテゴリーの拡張には比喩が関わることを把握し，その一環として時間を表す表現がどのように具体的なもので表されているか理解する。最後に名詞や動詞から文法的な機能を持つ語へと品詞カテゴリーが変わる現象である文法化とはどのようなものか実例を通して学ぶ。
《キーワード》　カテゴリー化，プロトタイプ，類別詞，多義語，意味変化，文法化

1. はじめに

　人間の認知的な行為として，さまざまな事態・事物をグループに分けて捉えるということがある。それが言語表現に現れた場合に認知言語学の重要な対象となり，カテゴリー化という概念で捉えられている。例えば，われわれは地面に転がる固い自然物を見たときに，容易に動かせない大きさ・重さだと判断した場合は「岩」と呼び，簡単に動かせる大きさ・重さだと判断した場合は「石」と呼んでいる。このように事態・事物を何らかの基準で分け，別の語で呼ぶというカテゴリー化の活動は人間の日常のなかに頻繁に起こっており，重要な研究対象となろう。認知言語学ではカテゴリーの構造について多くの研究の蓄積があるが，とりわけプロトタイプ（典型）と周辺という観点からの考察が重要である。

次節で詳しく解説していきたい。また，カテゴリーの拡張のメカニズムも認知言語学の観点からの研究が進展しており，続く節において実例をもとに説明する。カテゴリーの拡張には，品詞をまたがるものもあり，そのなかで名詞や動詞から文法的な機能を持つ語へと変化する文法化について本章の最後に扱う[1]。

2. カテゴリー化と言語現象

古典的なカテゴリー観に従えば，(A) メンバーは同じ資格でカテゴリーに所属し，(B) そのカテゴリーには，明確な境界線があるということになるが，自然言語には，そのような性質を持たないカテゴリーが多数存在することが論じられてきた。例えば，「偶数」というカテゴリーは，(A) (B) の二点とも古典的なカテゴリー観にあてはまるが，「鳥」というカテゴリーはどうであろうか。何が鳥で，何が鳥でないかということは学術的に定義できるので，(B) の点では古典的なカテゴリー観にあてはまるが，ツバメやスズメを典型的に鳥らしい鳥として認知し，ダチョウやペンギンを周辺的な鳥と我々は認知していることが，次のような例文からわかる。

(1) a. ??(ツバメ／スズメ) も一応鳥だ。
　　b. (ダチョウ／ペンギン) も一応鳥だ。

ここで，「一応」というヘッジ表現 (ヘッジとは「垣根」のこと。「広義の」「狭義の」などのようにどのような範囲を示すかを表す表現。「一応」の場合は範囲を厳格にではなくゆるやかに考えるということが示されている) が，ペンギンやダチョウについての表現にはあてはまるのに，ツバメやスズメについてはあてはまらないのは，我々の「鳥」というカ

---

[1] 本章の内容は森雄一・高橋英光編著 (2013)『認知言語学　基礎から最前線へ』(くろしお出版) の本章の執筆者執筆箇所と部分的に重なるものである。

テゴリーに対する認知を反映しているのである。つまり,「鳥」というカテゴリーは（A）の点では古典的カテゴリー観にあてはまらない。また,「うそ」というカテゴリーについてはどうであろうか。以下にあげる，2つの例は日本語における「うそ」の認知言語学的な研究である吉村（1995）で調査サンプルとされているものである。

　(2)花子がお客様に出そうと思っていたケーキを，太郎が食べてしまいました。花子が太郎に「ケーキ食べたの？」と尋ねると，太郎は「いいえ」と答えました。太郎はうそをつきましたか？

　(3)光夫は上司のパーティに招待されました。誰も楽しまない，つまらない夕げの後で，光夫は上司の奥さんにこう言いました。「ありがとうございました。とってもすばらしいパーティでした。」光夫はこのパーティがすばらしいとは思っていなかったし，自分が楽しんだと人に思ってもらうつもりもありません。ただ，上司の奥さんには，何か気のきいた言葉の一つも言っておきたかっただけで，それとても，奥さんに本気にしてもらえるとは思っていません。光夫はうそをつきましたか？

　(2)はすべての話者にとって「うそ」と認められる「うそ」のプロトタイプ（典型例）である（吉村（1995）の調査では，100％の被調査者がうそであるとしている）が，(3)は話者によって容認度に差がでてくる（吉村（1995）の調査では，被調査者のうち，27％がうそでない，15％が判断しかねる，58％がうそであるとしている）。この場合は，カテゴリーのなかの周辺例というよりも，カテゴリーに明確な境界線がないことを示す例であろう。

　以上の「偶数」「鳥」「うそ」といった3つの言語的カテゴリーを図示

して整理すると次のようになる。

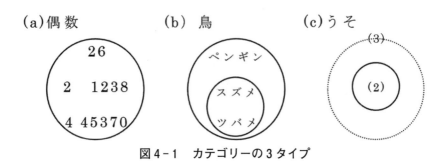

図4-1　カテゴリーの3タイプ

　(a)には明確な境界線があり，メンバーは同じ資格でカテゴリーに参加している。それに対して，(b)には明確な境界線こそあるもののメンバーのなかにはプロトタイプ例となるものと周辺例になるものが存在し，(c)の場合には，プロトタイプ例とカテゴリーに属すのか属さないのか不明確な例が存在する。

　上記のような認知言語学によるカテゴリーの研究として代表的なものに，日本語の類別詞を扱った松本(1991)がある。

　類別詞とは，「本2冊」というときの「―サツ(冊)」のような形態素のことで，助数詞から「―メートル」「―円」のような単位詞を除いたものである。事物を生物と無生物に分割し，さらに生物間では人と動物，無生物間では形態と種類によって分割している。事物の類別をなしているので類別詞と呼称される。

図4-2　類別詞の種類

このように事物に対する我々の捉え方を示しているという点でも認知言語学の研究対象となるのであるが，個別の類別詞の分析についてカテゴリー化の観点から捉えても興味深い。類別詞「一ケン（軒）」は，建物に用いられるものであるが，居住に使われる家と並んで，商業に使われる店一般にも高い容認度で使用が可能である。しかし，郵便局，交番など，内部を人が使う公共的な建物や，倉庫のように人間が他の物を入れるために使う建物には容認度が低い。また，神社のように一般の人が使うことが第一目的と考えられていない建物には「一ケン」の使用は不自然である。このことから「一ケン」は＜人間が使用する＞ことを必要条件とし，＜居住または商業活動に使われる＞ことを典型条件とすると言える。さらに大きさも使用条件に関与し，普通の家の大きさに近い店舗に比べスーパーマーケットやデパートなどは容認度が低いという調査結果が得られている（松本 1991）。このように「一ケン」の使用の度合い（「一ケン」の意味領域）は典型的に使われるものから容認度がかなり下がるものまで程度差があり，また，その使用に明確に線が引けるものではないということで，先述の「うそ」と同タイプのものである。

3. 多義語の構造と意味の変化

　プロトタイプには，①典型例（そのカテゴリーの属性と考えられる特徴を満たすもの），②代表的事例（もっとも思いつきやすいもの），③原義（派生のもとの意味となるもの）という意味がある。1節でみたのは①の意味でのプロトタイプであった。
　ここでは原義とそこからの派生という観点からプロトタイプ的な意味と周辺的な意味について考えてみよう。この派生には前章でみた比喩が大きな役割を果たす。原義から拡張する際にはメタファーによるもの，メトニミーによるもの，シネクドキーによるものがある。国語辞典では

どのように記述されているかも見ながらその拡張のあり方を考える。

メタファーによる拡張
　以下に見るのは，岩波国語辞典（第七版，以下同様）による「爪痕」「人形」「きつね」の記述である。

「爪痕」
　①爪でひっかいたあと。爪をたてたあと。②比ゆ的に，災害などの影響。「台風の―」

「人形」
　（木や土やセルロイドなどで）人の姿をまねて作ったもの。比ゆ的に，主体性のない人。

「きつね」
　①いぬ科の獣。体は細く，尾は太く，毛色は薄茶。人をばかすと言われる。また，稲荷の神の使いとされる。（中略）▽比ゆ的に，すばしこく，ずるい人，悪がしこい人を指すのにも使う。「この雌―め」

　ここに見られるように，「比ゆ的に」という表現で，プロトタイプ的語義からメタファー的に拡張した語義を示している。
　興味深いことに，同辞典には，上記のような語義をはっきり記述している場合だけでなく，次の例のような記述の仕方も見られた。

「風穴」
　①風が出入りする穴やすきま。「どてっ腹に―をあけるぞ」（脅し文

句）また，通風を図って壁などにあけた穴。▽比ゆ的に「よどんだ社風に—をあけるねらいの新企画」のようにも使う。

　この場合，語義としての定着性がやや弱いが故にこのような記述になったと考えられるが，定着度の強いものと区別する上で有効な記述方法である。同辞典では言及がなかったが，「植民地」「秋波を送る」といった語は，さらに定着度は弱いものの比喩的に使用されることがある。（例「新設大学の医学部は伝統医大の植民地である場合がある」，「最近では，銀行が企業側に秋波を送っている」）。このような使い方についても定着度が高まるにつれて記述されることになるであろう。

メトニミーによる拡張
　現行の国語辞典で，多義語の語義間で比喩による拡張が示されている場合はメタファーによる拡張を扱っており，メトニミー，シネクドキーによる拡張が比喩という用語を使って明示されているケースはあまり見られない。しかしながら，現行の国語辞典においても，メトニミーいう用語は使用されていないものの，巧妙にその現象が記述されていることがある。岩波国語辞典の「頭」についての記述を見てみよう。

「頭」の記述
　　①動物の，脳（や目・口・耳・鼻）がある部分。かしら。こうべ。（中略）特に，（顔と区別して）顔より上の所。（中略）②あたま⑴と関係が深い次のもの。ア髪。「—を分ける」イ脳の働き。「—がいい」「—が回る」（知力が活発に働く）。考え方。「—が古い」。心。「—を悩ます」③あたま⑴に似たもの。ア物の上部。てっぺん。「くぎの—」。「山が雲の上に—を出す」。イ上にたつ人。首脳。かしら。「—かぶの

人」。「一になって働く」ウうわまえ。「売り上げの一をはねる」エ最初。「文章の一に出す」。「来月の一」（以下略）

「頭のかたち」，「頭が痛い」，「頭がいい」，「頭を刈る」といった用例をみてみると，それぞれにおいて全体像としての「頭」のいろいろな側面が焦点化されていると考えられる。これは，前章で「学校」の例をあげて示したようなメトニミーが関わる現象であると言える。ほとんどの国語辞典においては，単にこれらの語義を列挙しているにすぎないが，岩波国語辞典は，「関係が深い次のもの」といった記述でこれらのメトニミー関係を捉えた点がすぐれている。岩波国語辞典は次の「手」の記述においても同様の方法をとっている。

「手」の記述（用例は省略）
　①人体の，肩から先にある部分。ア人（擬人的に動物）の両肩から出た部分の全体。獣の前あしに当たるが，労働の道具として使えるのが特色。イ手（ア）の先。手首・手のひら・指の部分。ウ仕事をする手（ア）（イ）。エ書くまたは作る手（ア）（イ）。オ物を持つ手（イ）。②手(1)に関係する次のもの。ア方法。手段や策略。実行方法の上手下手。腕前。▽(1)（ウ）の転。イ筆跡。ウ手もとに持っている，将棋のこまやトランプの札。③手(1)（ア）のように突き出たもの。特に，握ったりぶら下げたりつかまったりするもの。とって・つりて・横木，植物のつるをからませる支柱の類。④手(1)の働きに関係するもの。アつながり。イ方向や方面。ウ種類。▽（ウ）は（イ）の転。エ指揮下にある部隊や配下の者。オ戦闘で受けたきず。

ここでは，「筆跡」や（手によって指示される）「方向や方面」が①で

示されている原義とメトニミー関係をなしていることを捉えた記述になっていると考えられる。

シネクドキーによる拡張と縮小

　例えば、「虫」という語は、大小さまざまなカテゴリーで使われるが、岩波国語辞典は次のように記述している。

　　①一般に、人・獣・鳥・魚・貝の類以外の小動物。＞昆虫の総称として使うのが普通だが、へびを「長虫（ながむし）」と言うなど、範囲は漠然としている。特に、
　　ア　秋に（よい声で）鳴く虫。
　　イ　カイチュウ・ノミ・カ・シミ・アブラムシなど、害をする虫。
　　（以下省略）

　図示すれば、次のように4つのサークル（破線は、範囲が明確でないことを示す）で描けるようなカテゴリーの伸縮現象を「一般に」「総称」

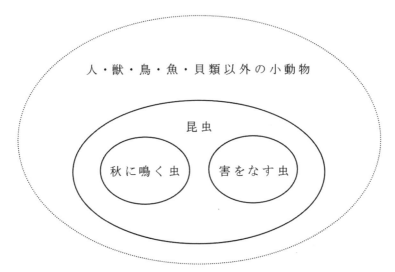

図4-3　「虫」の指す範囲

「特に」というヘッジ表現を使うことにより，うまく処理しているといえるであろう。
　同様に，「鳥」の記述を見てみると

　　温血・卵生で，前肢が翼となり，体が羽毛で覆われた脊椎動物。また，特にニワトリ。

のようにシネクドキー関係が処理されている。他にも例をあげると，「酒」「車」「飲む」などがこのような記述を行っている。

「酒」
　　アルコール分を含み，飲むと酔う飲み物の総称。特に，米で作った，日本酒のこと。

「車」
　　②荷車・電車・自動車・人力車など，車輪を回して動く仕掛けの総称。▽現在では特に自動車をさすことがある。

「飲む」
　　①（主に液体を）吸い込むようにして，かまずに口から体のなかに送り込む。（用例略）特に，酒を飲む。

以上に見たいずれの例においても，もととなる意味から拡大あるいは縮小の形で，その語の指すカテゴリーが変容している。そのメカニズムとしてシネクドキーが働いているのである。

4. 時空間メタファー

　我々は捉えにくい抽象的なものである「時間」をどのような形で認識しているだろうか。「時間を費やす」,「無駄な時間を使った」の金銭,「時は流れる」の液体のように具体的なもので表すのがその一方法であろう。これらに比べて気づきにくいが,上下・前後などの空間の表現で捉えることがより広範囲に広がっている。この現象は,時空間メタファーと呼ばれ,空間の意味の表す語が時間の意味を表すように拡張したということで,カテゴリーの拡張のなかでも特色のあるものである。

　上下については,上が過去（例：時代をさかのぼる）,下が未来（例：時代を下る）という関係にあり,逆はない。前後については,次の例に見るように複雑な関係にある。

(4) a. 未来をみつめる。
　　b. 前途
　　c. 目前に迫った入試
　　d. これから先
　　e. 過去をふりかえる
(5) a. 以後
　　b. あとにもさきにも
　　c. 以前
　　d. 前からの約束

　(4a-e) の表現は,未来が前,過去が後であるのに対し,(5a-d) の表現は未来が後,過去が前を表している。これらを矛盾なく了解するにはどのように考えたらよいか。ヒントとなるのは,次のような表現である。

(6) a. 英語を三年間勉強してきた。
　　b. これから楽しく暮らしていける。
(7) 行く年、来る年

　(6a-b)は時間軸上を人間が移動していると考えられる。このように考えたとき，人間が前を見ている方が未来であり，後が過去となる。ところが，(7)の表現のように人間が静止していて時間が動いていると考えたときには，この関係が反転する。このように考えると，空間的な前後関係のメタファーで時間を把握したときに何故食い違いが生じるかという疑問に解答を与えることができよう。

5. 文法化

文法化とは何か

　意味の変化のなかで，名詞や動詞などの実質的な内容を持った語が助詞や助動詞などの文法的な機能を果たす語や要素に変わる変化があり，特に文法化と呼ぶ。次の例を見てみよう。

(8) a. はずこらへずして割れ砕くるあひだ（保元物語）
　　b. 彼は来ると言っていたんだから来るはずだ。
(9) a. タンスにハンカチをしまう。
　　b. 十分準備をしていたのに，本番で失敗してしまった。

　「はず」は漢字で書くと「筈」，矢の末端で弓の弦につがえる部分。弓の弦と筈があうのは当然であることから，強い推定を表す助動詞の意味が生じてきたと考えられる。時間的な意味を表す表現も，(9)のように動詞から派生している場合が多い。

⑽ a. 彼はわっと泣き出した。
　b. 42.195km を走り切った。
　c. 長い小説を読み通した。
　d. 困難な仕事をやり抜いた。

　（10a）は開始の，（10b-d）は完了の意味を表すが，元の動詞の意味は具体的な動作で表している。文法化のプロセスについてはまだわからないことが多く今後の課題である。
　次に，文法化のなかでも大きな変化が起こっている助詞「へ」の歴史についてみよう。

助詞「へ」の成立
　助詞「へ」は，「あたり」の意味を持つ名詞（現代語でも「海辺（うみべ）などに残存している」から文法化が起きて成立したとされる。すでに上代において助詞の用法が成立しているが，そこでは現代語に比べて制限があった。助詞の成立及びその制限からの解放という2点において認知言語学的な観点から考えてみたい。
　次の例に見られる名詞「へ」は，「みやこ」に付属し，その周辺であることを示しており，また，この場合，移動の経路の終端に位置している。

　⑾都辺に（美夜故辺尓）行かむ舟もが刈り薦の乱れて思ふこと告げ遣らむ（万葉集　3640）

それに対して，次の例に見られる助詞「へ」では，「もろこし」から「やまと」への移動の方向を表している。

(12) 山上臣憶良大唐に在る時に，本郷を憶ひてつくる歌
いざ子ども早くやまとへ（早日本辺）大伴の三津の浜松待ち恋ひぬらむ（万葉集　63）

　上代語における名詞「へ」の多くの用例は，「終端」を示すのではなく単に「～の周辺」という「場所」を示していたが，(11)のように終端を表す例も存在した。このような移動の終端を表す事例から，終端と経路の隣接のメトニミーによって移動の方向を表す用法が成立したというのがここでの解釈である。

「持続」の消失

　「持続」(persistence) とは，文法化の中間段階で，元々持っていたその語の性質が反映することにより文法的な要素となってもある種の制約を伴うということである。上代では方向を表す助詞「へ」は，「やまと，き，つくし，よしの，あた，さくらだ，さほのうち，からくに，しらぎ，くに，みやこ，みや，さと，あめ，おき」といった漠然とした広い場所をさすものに限られていたが，中古には，「六条の院，対，寝殿，寺」といった限定された狭い場所をさす名詞もうけるようになった。これはもとの名詞「へ」が持っていた性質が助詞となっても存在していたのが消失したと考えることができる。また，中世前期になってようやく「着く」という動詞と併用される用法が成立する。

(13) 山城國田原といふ所へ，道もしり給はねば，五六日にぞ，たどるたどるおはし着にける。（宇治拾遺物語　巻15）

　助詞「へ」の上につく名詞が上代にはすべて「漠然とした広い場所」

をさしていたことは,「そのあたり」という意味を持つ名詞だったことが「持続」していたと考えられる。そしてそれは「着く」などの移動の結果を示す動詞を伴わなかった点と連動している。漠然とした広い場所というのは,境界性があいまいである─即ち,どこに達したら到着かはっきりしない─ために,移動の目標点という意味での終着点にはなっても移動の結果そこに存在するという意味での終着点にはなりにくいので,助詞「へ」が限定された1点を指す名詞をうけるようになることによりはじめて,移動の結果そこに存在するという意味の動詞と結びつくからである。名詞「へ」から助詞「へ」への文法化は以上のような持続の消失を伴って完成していったと考えられる。

引用文献

松本曜(1991)「日本語類別詞の意味構造と体系─原型意味論による分析─」『言語研究』第99号,82-105.
吉村公宏(1995)『認知意味論の方法　経験と動機の言語学』人文書院

参考文献

ジョン・R・テイラー［辻幸夫・鍋島弘治朗・篠原俊吾・菅井三実訳］(2008)『認知言語学のための14章』(第3版)紀伊國屋書店
森　雄一(1995)「助詞「へ」の歴史についての認知論的考察」『築島裕博士古稀記念国語学論集』汲古書院,291-310.
森　雄一(2006)「国語辞典と比喩現象」『成蹊大学文学部紀要』第41号,119-131.

5 | 認知言語学④
―認知言語学と命名論―

森　雄一

《目標＆ポイント》　認知言語学の観点から命名論の概略を解説する。はじめに，命名論における表示性と表現性という概念を説明する。さらに，「命名と認知の対応性仮説」，「再命名」について解説した後，命名と比喩の関係について学ぶ。
《キーワード》　命名論，表示性，表現性，再命名，比喩

1. はじめに

　新しい事物が現れたとき，あるいは，その事物の存在に気づいたとき，ほとんどの場合，人間はその事物に名前を与える。事物は名前を与えられることにより，人間世界の一部となる。また，その命名は人間の視点を通しての作業であるため，本質的に認知に深く関わる言語行為であり，まさに認知言語学の格好の対象である。認知言語学という新しい学問のなかでもさらに今後の進展が期待される新しいトピックである。認知言語学の最終回である本章では，現在の研究段階をふまえて認知言語学的な観点から見た命名論の解説を行う[1]。

2. 表示性と表現性

　この節では，そのモノの属するカテゴリーの属性やそのカテゴリーらしさがそのモノの名前にどのように反映されているかを示す表示性とい

---

1) 本稿の内容は拙稿「命名論と認知言語学」(『認知言語学大事典』朝倉書店，2019年) と部分的に重なるものである。

う概念とそのカテゴリーのなかでのそのモノの名前の独自性を表す表現性という概念について考える。

　名づけは，その対象が属するカテゴリーを表すこととその対象そのものの独自性を表すことのバランスをとって行われる（森岡・山口 1985, 吉村 1995）。例えば，ペットの犬の名前としては，どのようなものが考えられるだろうか。「ポチ」「タロ」などは平凡でいかにもペットの犬らしい名前であろう。このような場合，命名における表示性（そのカテゴリーの属性・そのカテゴリーらしさ）が高いと考えられる。「ゴーゴリ」「夢」「スター」などの場合は，ちょっと変わった名前として印象に残る。この場合，命名における表現性（そのカテゴリーのなかでの独自性）が高いと考えられる。われわれの命名（名づけ）は表示性と表現性のバランスを考えながら行われている。犬に「イヌ」という名前をつければ，表示性は限りなく高くなるが，他の犬との区別がつけられないし，逆に，「逆上がり」とか「要塞」という名前をもしつけてしまったとしたら，表現性が限りなく高くなることと引き替えに飼い主の常識が疑われてしまう。

　ここでは，表示性と表現性という用語に関して，さらに細かく考えていく（森 2015）。これらの概念にはさまざまな側面がある。表示性には，カテゴリー自体の名称を表す場合もあれば，カテゴリーの特徴を表す場合もある。また，カテゴリー自体とは本来関係ないが，それに属する個々の名称の集積からそのカテゴリーに属するものの名称に共通するものとして抽出でき，結果的にそのカテゴリーの特徴となっているものもある。表現性の原初的な働きは，そのカテゴリーに属する別のものと区別することである。その多くの場合はそのものの特徴を利用しているのであるが，区別することと特徴づけることは分けて考える必要がある。

　表示性を「所属する範疇（はんちゅう）を示すはたらき」（森岡・山口 1985）ある

いは「そのものの所属先カテゴリーを明示する機能」(吉村 1995) と捉えた場合，最も思いつきやすいケースはカテゴリー自体の名称を用いる場合である。吉村 (1995：163) は犬に「イヌ」という名前をつければ，表示性は限りなく高くなるが，他の犬との区別がつけられないと論じているが，名の一部分としてカテゴリーそのものの名称が用いられるのはよくあることである。例えば，大学の名前では「放送大学」「名古屋大学」のように名前の部分としてカテゴリー名である「大学」が用いられている。このようにカテゴリー自体の名称を示すことを表示性①とする。

次に，カテゴリー自体の名称そのものではなくカテゴリーの特徴を示すケースが考えられる。このようなタイプを表示性②と呼ぼう。例えば，洗剤の製品名で「ホワイト」というものがあるが，汚れを落とすという洗剤の特徴から，汚れのない状態を意識させるこのような名称が採用されている。これは意味的なものに限定されるのではなく，ペットの名称が「タマ」「モモ」「ポチ」「タロ」など短い音で呼びやすいようになっているのもそのカテゴリーの特徴といえるであろう。

第3に，カテゴリーが本来持つ特徴であるかないかにかかわらず，それがそのカテゴリーに属する名称であることを想起しやすい要素がある。このような要素が存在し，そのカテゴリーに属することを想起しやすいことを表示性③と呼ぼう。上に表示性②の事例としてあげた例は，特徴に関わると同時に，そのカテゴリーの名称として想起しやすいものであった。本来的な特徴と関わらないものとして例えば，乗用車の名前と音楽用語は無縁であるが，「バラード」，「コンチェルト」，「ジャズ」，「プレリュード」，「フィットアリア」，「クイント (クインテットの略)」，「ライフディーバ」と多くの乗用車の名前に音楽用語を採用した会社があったため，そのつながりが意識されやすくなっているようなケースがあげられる。また，米の品種名で言えば「女性」に関わる名前は表示性

②には該当しないが，表示性③に該当するであろう。本来，「女性」は「米」自体の特徴との関わりを持たないのにもかかわらず，現在では，「つやおとめ，天竜乙女，とがおとめ，兵庫ゆめおとめ，ふさおとめ，ゆきおとめ，ゆめおばこ，あきたこまち，淡雪こまち，おわら美人，あやひめ，かぐや姫，白雪姫，つや姫，まいひめ，きぬむすめ，ほむすめ舞，まなむすめ，紫の君，ミルキークイーン，ミルキープリンセス」のように非常に多くの品種名を持ち，米というカテゴリーを想起しやすいものになっている。そのカテゴリーの特徴が関わる表示性②とは異なり，表示性③は動的な性質を持つ。例えば，「恋」は「女性」と同様に，「米」の品種名として想起されやすい特徴ではないが，「こいごころ，恋ほのか，こいもみじ，ひとめぼれ，恋の予感」など徐々に数を増やし始め表示性③を獲得しつつある。以上に見た表示性の3タイプを表の形で整理しよう。

表5-1　表示性の3タイプ

	定　　義	あてはまる例
表示性①	そのモノの属するカテゴリーの名称を表す。	「大学」の名称としての「放送大学」「名古屋大学」。
表示性②	そのモノの属するカテゴリーの特徴を表す。	「洗剤」の製品名としての「ホワイト」。
表示性③	そのモノの属するカテゴリーを想起させる（表示性②のように本来的な特徴を表す場合もあればそうでない場合もある）。	「米」の品種名としての「あきたこまち」「つや姫」。

　表現性は「そのものの特徴を理解させるはたらき」（森岡・山口(1985)），「対象独自の個別的な属性を明示しようとする意識」（吉村

(1995)）を文字通りに考えた場合，それがあてはまるのは対象の特徴をそのまま名づけに使用する場合である。例えば，黒い犬を「クロ」，白い犬を「シロ」と呼ぶ場合があてはまる。これを表現性①と呼ぼう。このような直接的でない場合においても表現性①は成り立つ。次の引用を見てみよう。

> 論理的な名前は，われわれの整理箱の役目を果たし，このおかげで，実物を見せないでもコミュニケーションを可能にするのだが，われわれが，すでに，そのものの所属を知っている場合には必要ではない。農家の間では，
> 　　大名　関取　弁慶　水晶
> といえば，大麦の名前であることはわかっているはずで，わざわざ，
> 　　大名大麦　関取大麦　弁慶大麦　水晶大麦
> と類の名をつける必要はない。ここでは，名前が何をさしているかは問題でなく，名前の暗示すること，つまり，豊作や粒の大きさや強さや美しさを表現することがたいせつなのである。名前の論理性より表現性の方が要求されている。　　　森岡・山口（1985：103）

「関取—粒の大きさ」，「弁慶—強さ」，「水晶—美しさ」というつながりは，「クロ—黒い犬」，「シロ—白い犬」のように直接的ではない。しかしながら，ここではメタファーの使用によって，そのものの特徴を示しているといえる。以上のような特徴づけの他に，表現性の原初的な機能としては単に区別するということが挙げられる。区別するだけなら特徴は必要とされず記号を振るだけでよい。中学校の学級名は，1組，2組，3組……，またはA組，B組，C組などとなることが一般的であるが，その名称は特徴を表していない。このような区別する機能を表現性

②と呼ぼう。特徴を表示することは，区別することの一形態であるため，表現性①は表現性②に含まれると考えてよい。表現性①に該当しない表現性②は前述の学級名のケースのようにかなり限定的である。また，数字や記号が用いられる場合でも序列を表示したり，順番が意味をなしたりする場合は表現性①に該当する。

　カテゴリーのなかで，名づけられる対象を区別する，または特徴づけを行うという意味ではなく，その名称がそのカテゴリーの名称のなかでの異質性を示す場合もある。これを表現性③と呼ぼう。吉村（1995：202）に見た「そのもの独自の個性的側面を強調する機能」としての表現性をこのようなケースと考えてよいかもしれない。例えば，犬に「ゴーゴリ」「夢」「スター」などという名前をつければ，犬らしくない名前として印象づけられ，表現性③が高いと考えられる。これはちょうど表示性③の裏返しとなる。

　以上に見た表現性の3タイプも表の形で整理する。

表5-2　表現性の3タイプ

	定　義	あてはまる例
表現性①	そのモノの特徴を表す。	「黒い犬」を「クロ」，「白い犬」を「シロ」と名づける。
表現性②	そのモノの属するカテゴリーのなかで他のモノと区別する（表現性①のようにそのモノの特徴で区別する場合もあればそうでない場合もある）。	中学校の学級名を1組，2組，3組……と名づける。
表現性③	そのモノに属するカテゴリーにそぐわない特徴を表す。	「犬」に「ゴーゴリ」，「夢」，「スター」と名づける。

以上，表示性と表現性について，細かく分けて示した。認知言語学の立場から命名を考える場合，とりわけ重要な観点であり，今後のさらなる検討が望まれる。

3. 命名と認知の対応性仮説

　認知言語学的な観点からの興味深い問題として大月（2008：140-145）で提起された「命名と認知の対応性仮説」がある。以下，大月（2008）の記述をもとに説明する。

　2つの名前があった場合，一方が他方を含む名前を「二次的名前」，含まれる名前を「一次的名前」とする。例をあげると，「カメ」と「ウミガメ」では，前者が「一次的名前」，後者が「二次的名前」である。この2つの命名の順序関係は語構成自体によって明示されているため，この関係性を利用して命名の階層関係を設定することができる。

　日本語には，陸の生物との類似性に基づいた海洋・海辺生物の名前が以下のように多数存在するが，逆のケースはまれである。ここから次のような，順序性が得られる。

　陸（平地）＞海
　［陸（平地）は海よりも順序性が高いことを示す］
　（例：ウシ＞ウミウシ，ウマ＞ウミウマ［タツノオトシゴの別称］，ケムシ＞ウミケムシ，サボテン＞ウミサボテン，ツバメ＞ウミツバメなど）

　また，里の生物との類似性に基づいた山林生物の名前も多数あるが，その逆の事例は今のところ見つかっていない。以上から，次の順序性が得られる。

陸（平地）＞山（森林）
（例：イヌ＞ヤマイヌ，イモ＞ヤマイモ，サクラ＞ヤマザクラ，ネコ＞ヤマネコ，ホトトギス＞ヤマホトトギスなど）

さらに，少数ではあるが，海洋・海辺生物との類似性に基づいた山林・陸上生物の名称が観察される。

海＞山（森林）
（例：クラゲ＞キクラゲ，イカ＞イカタケなど）

以上から，

陸（平地）＞海＞山（森林）

という階層性が得られる。
　これらの命名の方向性は，命名者である人間の視点・認知を反映していると考えられる。つまり，人間活動の基準領域とその後拡大した活動領域という関係性が見出せるであろう。ここで述べたことにとどまらず，生理・文化・社会・信念体系等における，より基本的な単位や次元に関わりを有する要素が，そうでない要素よりも先に命名されているのであり，これが「認知と命名の対応性仮説」とされるものである。命名と認知の関わりとの興味深い視点を提供してくれる仮説であり，他の分野での適用例を探っていくことが今後の課題となろう。

4. 再命名

　従前の言語学のなかで考察がされ，認知言語学的なアプローチを用い

て捉えなおしが可能なものに再命名という現象がある。例えば、「菓子」という事物は近代より前の日本に存在し、そのように呼ばれていた。西洋より「洋菓子」が入ってきた段階でそれと区別するという観点から「和菓子」という語が用いられだしたのである。また、携帯電話が普及する前の日本では、家やオフィスに常置されている「電話」は、ただ「電話」とだけ呼ばれていた。携帯電話の普及以後「固定電話」という語が用いられだしたのである。このような現象を再命名と呼び、いくつかのパターンに分類したものを以下に示す。

(国名パターン―主に鈴木（1996）で提示されたもの)
　　酒→日本酒（洋酒と区別するため）
　　人形→日本人形（西洋人形と区別するため）
　　菓子→和菓子（洋菓子と区別するため）
　　服→和服（洋服と区別するため）
　　楽→邦楽（西洋音楽と区別するため）
(新旧パターン)
　　大学→旧制大学（新制大学と区別するため）
　　カリキュラム→旧カリキュラム（新カリキュラムと区別するため）
(特徴パターン)
　　電話→固定電話（携帯電話と区別するため）
　　テレビ→白黒テレビ（カラーテレビと区別するため）
　　テレビ→ブラウン管テレビ（液晶テレビと区別するため）
(真・本パターン―主に添田（2005）で提示されたもの)
　　芋→ホンイモ・マイモ（ジャガイモ、サツマイモと区別するため）
　　ミリン→本ミリン（ミリン風調味料と区別するため）
　　綿→真綿（木綿製の綿と区別するため）

再命名は，カテゴリー化の観点から分析することができる。すなわち，あるカテゴリーが拡大したとき，元のカテゴリーを新しく増えた部分と区別するために新たにカテゴリーが形成され，そこで名づけが行われる現象として捉えることができるのである。

再命名が起きないケースもまた興味深い。「電動自転車」が出現しても，「自転車」は「自転車」のままであり「人力自転車」とは言わない。また，「電動歯ブラシ」が出現しても「歯ブラシ」のままであるなどの例があげられる。これは，新旧両者の関係が拮抗していないために新たな名づけが起きる必要がないためと考えられる。

5. 命名と比喩

命名とメタファー

精悍(せいかん)な風貌で鋭い取り口の力士を「ウルフ」，ゴツく巨大な体躯(たいく)で怪物じみた打棒の持ち主の野球選手は「ゴジラ」と呼ぶようなあだ名を典型として，命名とメタファーは密接な関わりを持つ。あだ名に限らず，さまざまな事物・事象の名づけにメタファーは用いられている。例えば，「ガラパゴス携帯」(「ガラケー」と省略された形でよく用いられる)という表現があるが，ガラパゴス諸島において島ごとに動物が独自の進化をとげたことと日本において携帯電話が諸機能を備える形で独自の進化をしていることの類似性からのネーミングである。また，商品名でも卵の形状を持った菓子を「〜たまご」と名づけることはよくあるが，ここにもメタファーが用いられている。

これに関連して注意が必要な現象がある。イメージ喚起を狙ってつけられたネーミングがメタファーによるネーミングと紛らわしい場合があり，その区別が必要となるのである。説明のための題材としてネーミング方法の優れた解説書である岩永(2002)の一節を以下に引用する。

続いて形容が絶妙なネーミングです。直喩としては森永製菓のチョコレート「小枝」。隠喩（イメージ喚起）ではカゴメの野菜ジュース「朝市」に，岡山の「トマト銀行」をあげておきましょう。

岩永（2002：85）

　この2種のネーミング方法の違いを捉えた点は慧眼（けいがん）と言える考察であるが，チョコレート菓子の「小枝」は，木の小枝との類似性から名づけられたものであり，この場合「のようなもの」のように類似性を示す標識がないのでシミリー（直喩）ではなくメタファー（隠喩）と考えるべきである。野菜ジュースに「朝市」，銀行に「トマト」というのは，類似性をもとにしているというよりも引用文にあるようにイメージ喚起を狙ってつけられているのでメタファーではなくイメージネーミングとでも呼ぶべきものである。結果的に，物と名前の間に何らかのつながりが考えられるので，メタファーとは全く異質のものではないが，メタファーとは異なるものである（森 2012：91）。
　さて，このトピックに関し，認知言語学的観点からも興味深い分析がされているものに山田（1994）がある。その一部をここでみる。サクラより花が小型のものを「イヌザクラ」，ホオズキと異なり液果が何にも利用できないものである「イヌホオズキ」，特有の臭いがある「イヌザンショウ」，ツゲより不良の材木となる「イヌツゲ」，食用にならない「イヌウド」といった名称を名づけられた植物がある。他にも「イヌ＋植物名」という組み合わせは多く，その関係は多様であるが，「いずれも参照となる植物と＜有用性＞を比べた場合，それより低価値であることを表しており，「イヌ」がメタファーとして体系的に用いられている。ここから，「イヌ」に対して持つ日本語文化のなかの見方（自由な往来をすることがマイナスの価値を持つ）を取り出せるというのが山田

（1994）の主張である。この場合「イヌ」がどのような表現として成立しているかはさまざまに分析できよう。一例として，「犬侍」「犬医者」などのよう資質・技量が劣っているものに「イヌ」を付加して見下す用例があるが，これらと同様に「人ではない（人以下の価値に過ぎない）」ものの代表として犬が用いられている可能性もある。この場合は，シネクドキーとしての表現とも考えられるであろう。

以上に見たような命名に反映されたメタファーへの認知言語学的な分析も今後展開されることが期待される。

命名とメトニミー・シネクドキー

命名にはメトニミーとシネクドキーもよく用いられる。メトニミーの例でいえば，生産地をその名に持つ品種や商品名は，りんごの「むつ」，日本酒の「八海山」，ウイスキーの「余市」など多くある。また，あだ名でもいつも赤いシャツを着ている人物を「赤シャツ」，めがねをかけている青年を「メガネ君」というのもメトニミーである。シネクドキーは，名まえのついていない事象を呼ぶのに，よく用いられる。例えば，多門（2000）で取り上げられている2つの例を見てみよう。

(1) 私の周りは冬彦さんばかりだ。
(2) 夫婦共働きもマスオさん増加の原因である。

(1)はあるドラマの登場人物の名前によって「マザーコンプレックスの強い若い男性」を表し，(2)は有名な漫画の登場人物の名前によって「妻方の両親と同居する男性」を意味する。いずれも新しく形成された類をそのなかの種（一メンバー）によって表すという名づけが行われている。このようなパターンの名づけが興味深く用いられている落語に「道灌」

というものがある。狩りに出た先で雨に降られて雨具を民家の女性に求める太田道灌のエピソードをご隠居から聞いた八公がその女性の応答をまねてみるという話であるが,「雨具を求める人」を「道灌」によって表すというシネクドキーが効果的に用いられている。

6. まとめと展望

　以上に述べてきたことをまとめておこう。表示性と表現性については, 認知言語学から見た命名論において中核となる概念であるが, 基本的な考え方をふまえて細かく分類を示した。今後は多くの分野の名前を通じてのケーススタディが重要となる。生理・文化・社会・信念体系等における, より基本的な単位や次元に関わりを有する要素が, そうでない要素よりも先に命名されているという「認知と命名の対応性仮説」もその有効性をさまざまな領域で検証される必要がある。「再命名」に関して, あるカテゴリーが拡大したとき, 元のカテゴリーを新しく増えた部分と区別するために新たにカテゴリーが形成され, そこで名づけが行われる現象として捉えた。カテゴリー化の観点からさらなる探究が期待される。「命名と比喩」の関係については山田 (1994) に見られたような文化的なメタファーをどのように解釈していくかさらなる進展が望まれる。

　以上に述べたように, 命名論と認知言語学の関係は多様である。多様性をふまえつつも統一的なモデルづくりもまた今後期待されるものである。

引用文献

岩永嘉弘（2002）『すべてはネーミング』光文社新書
大月実（2008）「命名と名前―命名論の新たな地平」『認知言語学論考』7：117-167.
鈴木孝夫（1976）「語彙の構造」鈴木孝夫編『日本語の語彙と表現』大修館書店，6 -26.
鈴木孝夫（1996）『教養としての言語学』岩波新書
添田建治郎（2005）『愉快な日本語講座』小学館
多門靖容（2000）「変異・複合タイプ比喩をめぐって：古典散文例を中心に」愛知学院大学紀要第29号，103-116.
森　雄一（2015）「命名論における表示性と表現性：米の品種名を題材に」『成蹊國文』第48号，162-170.
森岡健二・山口仲美（1985）『命名の言語学　ネーミングの諸相』東海大学出版会
吉村公宏（1995）『認知意味論の方法　経験と動機の言語学』人文書院
山田孝子（1994）『アイヌの世界観　「ことば」から読む自然と宇宙』講談社

6 | 言語習得論①
―母語の習得と臨界期―

松井智子

《目標&ポイント》 第一言語習得のメカニズムの主要な概念を学習する。習得時期が乳児期に集中する音韻体系の習得と，成人になっても習得が継続する語彙意味の習得の特徴を知り，その差異や共通点，および関係性について考察する。
《キーワード》 臨界期，敏感期，統計的学習，社会的学習

1. 人間の生物的特徴としての言語習得

　生物のなかで人間だけが持つ特徴として，創造的な言語使用がある。言語の習得過程も人間に特有のプロセスである。このプロセスは人間の持つ高度な認知能力と社会的学習能力によって可能になると考えられる。この章では，まず生後1年の間に完了する音韻システムの習得を取り上げ，人間が先天的に持つ認知能力と言語習得の関係について考えたい。その次に，音韻システムの習得とは対照的に，生後1年半くらいから生涯に渡り継続する語彙の習得プロセスを概観し，それを支える社会的な学習能力とは何かを検討しよう。次章では，本章で学習する語彙習得と，概念の習得の関係についてみていくことにする。言語習得の最後の章（第8章）では，日本にいる外国人幼児の言語発達に焦点をおきながら，二言語環境における言語習得について考えてみたい。

いわゆる臨界期について

　まずここでは，生物の学習プロセスを外界の特定の刺激に対する脳の反応の結果もたらされる変化として捉えてみよう。生物の脳は発達的に変化を遂げるが，どの時期に，どのような刺激に対して最も効果的に反応するか，すなわち特定の学習が最も効果的に行われるかが決まっていると考えられている。つまり，脳の発達において，ある特定の時期に特定の刺激の入力がなければ，生物にとって期待される学習が起こり得ないということになる。

　特定の刺激をもとに，生物の脳が最も効果的に学習を遂げる時期は「臨界期（critical period）」と呼ばれている（Knudsen 1999, 2004）。臨界期をはずしてしまうと，同じ刺激を与えても，学習の成立は難しいということが予測される。人間の場合，乳児期の母語の音韻の学習がこのような臨界期の学習である（Kuhl et al. 2005）。乳児は母語と非母語の音韻を弁別する能力を1歳前に獲得し，この時期が音韻学習の臨界期と考えられている。そして生後10ヶ月くらいまでの臨界期を過ぎてしまうと，母語として音韻体系を学習することが困難となる。このような臨界期の学習は，「敏感期（sensitive period）」の学習と区別されている。敏感期は，脳が特に環境からの入力に影響を受けやすい時期とされ，臨界期よりも長期に渡る学習を可能にすると考えられている。

　言語習得における臨界期については，大きく2つの見方がある。一つ目は，発達的成熟による制約として臨界期を捉える見方である（Lenneberg 1967）。例えば，母語習得には脳の両半球の可塑性が不可欠であるため，それが終了する思春期までに母語を習得することができなかった場合，標準的な母語習得は生涯不可能であると考えられている。この考え方は，第二言語習得研究に応用され，生後すぐに二言語環境で育つ同時バイリンガル児と，外国語として第二言語を学習する継時バイ

リンガル児の言語能力の差を説明するのに用いられている（Fathman 1975; Johnson & Newport 1989; Krashen 1973; Long 1990; Newport 1990）。思春期より後に第二言語の学習を始めた成人は，児童期に第二言語を学習した成人と比較して，文法的な誤りをより頻繁に起こすという報告がある（Coppieters 1987; Johnson & Newport 1989, 1991）。このような報告は，発達的成熟による制約として臨界期を捉える見方を支持すると言えるだろう。また，とくに第二言語習得において臨界期の影響を受けるのが音声の獲得であることも明らかになっている（Flege et al. 1999）。

　一方，臨界期を成熟による制約と捉えるのではなく，その時期に入力された刺激によるその後の学習への制約として捉えるという見方もある（Kuhl 2005）。例えば，日本語の母語話者として育つ乳児は，1歳前に日本語の音韻体系を学習する。それが日本語の音韻体系のパターンに合った刺激を学習する素地となる。逆に，日本語の音韻体系を乳児期に学習した子どもにとって，例えば英語の子音である /l/ と /r/ のような，日本語にはない音素の獲得は，その学習を促進する素地がないため，困難となると予測される。以下ではこのような見方についてもう少し詳しく説明しよう。

2. 母語の音韻体系の学習

　世界の言語には600の子音と200の母音が存在すると言われている（Ladefoged 2001）。しかしその中で，それぞれの言語は40ほどの音素と呼ばれる，音声の単位を用いている。音素の組み合せで単語ができるので，大抵の場合（例えば同音異義語を除いて），その音素の組み合せによって異なる意味を伝えることができる。そのため乳児は単語の学習をする以前に，単語を構成する音素を学習する必要がある。言語によっ

てどのような音声が音素となるかは異なっている。例えば，英語では /r/ と /l/ はそれぞれひとつの音素として機能するため，*read* という単語と *lead* という単語は区別される。対照的に，日本語では /r/ と /l/ を区別しない。日本人の英語学習者にとって，英語の /r/ と /l/ を正しく発音したり，聞き取ったりすることが難しいのは，日本語と英語の音素の単位が異なるためである。

　ここでは乳児を対象とした標準的な音韻知覚実験の手法である「選好振り向き法」(the head-turn conditioning procedure) を用いた実験を紹介したい。生後1年間足らずで，母語の音韻体系の学習の臨界期が終わるという仮説の妥当性を支持する調査結果が出されている。より具体的には，6ヶ月から12ヶ月の間に，乳児にとって母語の音韻識別が以前より容易になる一方で非母語の音韻識別が困難となるという仮説が検証されている。

　この調査の対象は，英語を母語とするアメリカ在住の乳児と，日本語を母語とする東京在住の乳児であった（Kuhl et al. 2006）。それぞれ6ヶ月から8ヶ月までのグループと，10ヶ月から12ヶ月までのグループに分かれており，グループ間の差異から，1歳になる前の半年間の変化を検証することが目的であった。「選好振り向き法」の手続きは，条件付けから始まる。母親の膝の上に座った乳児は，一方のスピーカーから /r/ の音を聞かされる。その後もう一方のスピーカーから /l/ の音が聞こえてくる。音が変わると，子どもの視線の先にあるおもちゃが動き出し，音をたてる。子どもはこのおもちゃの動きや音に関心を示す。スピーカーから聞こえてくる音が変化すると，おもちゃが動き出すということを乳児が学習できれば，条件付けはうまくいったと言える。その後，実験条件として，異なる2つの音を聞いて音の変化が認識できる条件と，同じ音を2回聞いて音の変化が認識できない条件がそれぞれ30試行ずつ

ランダムな順番に実施され,乳児がおもちゃに目をやるかどうかとそれぞれの条件の間の関係が調べられた。

　実験の結果,生後6ヶ月から8ヶ月の間は,日本語を母語とする乳児も,英語を母語とする乳児も,英語の /r/ と /l/ の弁別が同程度にできていたことがわかった。さらに,生後10ヶ月から12ヶ月になると,英語を母語とする乳児は /r/ と /l/ を弁別する能力が高まり,逆に日本語を母語とする乳児はこれら2つの音素を弁別する力が低下していた。このことは,母語の音韻体系の獲得の臨界期が生後10ヶ月くらいまでであること,そしてその時期に母語の音韻の基礎を習得した乳児にとって,それ以降の母語の音韻体系の習得が容易になること,逆に,音韻体系の学習を臨界期にしなかった非母語の音韻の弁別は,臨界期を過ぎると困難になるということを示唆している。つまり,臨界期に母語の音韻体系の基礎を習得すると,それがその後の非母語の音韻体系の習得を邪魔するということになる。/r/ と /l/ の使い分けや聞き分けに苦労している成人の英語学習者にとって,生後10ヶ月までは母語話者並みに聞き分けられていたという話は今後の学習に励みとなるだろうか。

統計学的学習と社会的学習
　乳児が生後10ヶ月くらいまでの間に母語の音素を学習するメカニズムとはどのようなものなのだろうか。これまでの研究によると,乳児は耳にする周囲の大人の会話の中から,頻繁に耳にする音とそうでない音を区別して,高い頻度で耳にする音を音素として学習すると考えられている。このように入力の頻度が学習の成立の有無を決定するような学習は,「統計的学習(statistical learning)」と呼ばれている。統計的学習は,環境の中に繰り返し現れる構造パターンを認識し学習する際に用いられる一般的な能力と考えられている。乳児の音韻体系の習得に見られるよ

うに，言語習得でも重要な役割を果たしている。

　ただし，人間の言語習得は統計的学習に支えられている側面もありながら，根本的には社会的な学習である。言語習得においては，統計的学習は，「社会的学習（social learning）」の一部として機能すると考えられる。それを示唆する研究を2つ紹介しよう。

乳児の外国語の音韻学習

　ひとつ目は，乳児の外国語学習に関する研究である（Kuhl, Tsao, & Liu 2003）。この研究では，生後9ヶ月の英語を母語とする乳児に，中国語を学習してもらった。参加したすべての乳児には，それぞれ4～5週間の間に12回，中国人の女性が中国語（北京語）で話しかけたり絵本を読んでくれたりする機会が与えられた。このような学習期間が終了した後，乳児の中国語の音素の弁別力を調べたところ，中国語を母語とする10ヶ月児と変わらない弁別力を持っていることがわかった。つまり，中国語の音素を学習していたということになる。この調査のあと，さらに，同じ中国人の女性から中国語を学習するものの，ビデオ録画か音声の録音のみを媒介とした場合に，学習が成立するかどうかが検証された。女性が目の前に現われてやり取りをしてくれた場合と同じように，ビデオ録画や音声の録音のみからでも，音素の学習ができるのかどうかを確認することが目的だ。その結果，目の前に中国人の女性が現れて中国語で話しかけてくれた乳児と比べると，ビデオ録画や録音音声を通して女性の中国語を習った乳児は，中国語の音素を聞き分けることができなかった。むしろ，まったく中国語を学習していない英語を母語とする10ヶ月児の反応と変わりなかったのである。これらの調査から，9ヶ月児は生の人間からであれば外国語の音韻システムを学習できるが，ビデオ録画や録音音声を媒介にした学習では，それができないということが

示されたのである。

　この結果について，研究者たちは2つの可能性を提案している。まず，目の前の生の人間とのやりとりは，乳児の学習への動機を高め，その結果，言語刺激に対する注意力や関心も高まるという可能性である。もうひとつは，目の前の生の人間とのやりとりには，学習を成立しやすくする情報がより多く含まれているという可能性である。例えば，相手の視線が自分に向けられているという感覚や，タイミングよく指差しをしてくれるなどといったことは，対人的なコミュニケーションでは起こりうるが，ビデオ録画では難しい。どちらにしても，統計的学習により音韻体系を習得するというプロセスが，社会的な要素によって促進されたり抑制されたりするということを示す結果となった。

自閉スペクトラム症児の音韻学習

　2つ目の例は，自閉スペクトラム症（Autistic Spectrum Disorder, ASD）の子どもたちの音韻体系の習得に関する話である。自閉スペクトラム症児は，知覚的情報の細部の認知が得意で，全体像をつかむことが苦手という認知スタイルの特徴を持っている。言語音声の知覚に関しても，例えば音の高低の識別は非常に優れており（Järvinen-Pasley et al. 2008），言語を獲得した自閉スペクトラム症児は学童期には母語の音素の弁別能力も定型発達児と同程度にできる（Constantino et al. 2007）。

　その一方で，就学前の自閉スペクトラム症児は，母語の音素の弁別能力が同年齢の定型発達児よりも低いという報告もある（Kuhl et al. 2005）。この調査では，音素を聞き分ける際の脳波の測定に加えて，「乳児に語りかける時の母親たちの声」と機械的な音声とのどちらを参加児がより好ましく思っているかを調べる課題を実施している。自閉スペクトラム症児と定型発達児を比較した結果，自閉スペクトラム症児は機械

的音声をより好ましく思い，定型発達児は母親たちの語りかけの声をより好ましく思うということがわかった。また定型発達児に比べると，自閉スペクトラム症児は，平均して母語の音素の弁別が困難であった。興味深いことに，自閉スペクトラム症児を個別に見ていくと，音素の弁別がよくできていなかった子ども，つまり母語の音韻体系を学習できていなかった子どもは，母親たちの語りかけの声よりも機械的な音声により強く関心があるのに対して，音素の弁別ができていた自閉スペクトラム症児は，機械音声よりも母親たちの語りかけの声をより好ましく思っていることがわかったのである。

これらの結果から言えることは，そもそも環境において母親の語りかけという社会的な刺激に注意を向けることがなければ，統計的学習の能力があっても，言語習得は困難になるということである。言語習得には周囲の大人の言語の入力が必要であることは疑う余地はないが，人間の言葉という社会的な刺激に選択的に注意を向けるという社会認知能力がなければ，刺激だけが存在しても学習にはつながらないということである。人間の場合，そのような社会的学習を可能にする社会的認知能力を生得的に持っていると想定しなければ，言語習得のメカニズムを説明することができないということだろう。次に，言語習得においてとくに社会的学習の特徴を色濃く持つ語意（単語の意味）の学習について考えてみよう。

3. 母語の語意学習

語彙音声とその指示対象の結びつき

これまで見てきたように，乳児は母語の学習の初期段階で，母語の音素を学習し，やがて音韻体系を習得する。語彙は母語の音素の組み合わせで認識できるので，音素の学習は語彙をひとつの単位として認識する

ことも可能にする。例えば、英語の right と light は別の語彙であるという認識ができるのは、/r/ と /l/ の音素を区別できるからである。

　しかしこの2つの語彙が別物であるという認識と、それぞれの語彙が何を指すかを認識することはまったく異なるプロセスが関わっている。あるひとつの音素の組み合わせである語彙が何かを指しているという認識がまず必要となる。さらにはそれぞれの語彙（音の組み合わせ）が別のものを指しているという認識も必要である。その上で、各語彙（音素の組み合わせ）が何を指すかを特定することになる。このように、刺激の入力頻度に依存する音素の学習と異なり、語彙の意味の学習には、学習者側の理論的な思考、あるいは推論が重要な役割を果たすと考えられる。また、語彙の意味の学習は、入力の頻度がそれほど高くなくても可能である。この点も音素の学習と異なっている。

　これまでの研究によると、乳児が語彙とそれが指し示すもの（指示対象）を正しく結び付けられるようになるのは生後12ヶ月以降である（Pruden et al. 2006）。それ以前には、乳児は物の見た目や自分の関心にそって、語彙音声と指示対象を勝手に結び付けてしまう傾向があるが、1歳の誕生日をむかえるころから、正しい語彙の意味学習、すなわち語意学習が可能になる。

共同注意

　1歳の誕生日前後を境に語彙学習ができるようになるのには理由がある。この時期に乳児の社会的学習能力に大きな変化が起こるからである。生後9ヶ月から12ヶ月にかけて、乳児は対話の相手と対話の話題となっているものの両方に注意を向けることができるようになり、会話の相手と注意の対象を共有することができるようになる（Carpenter, Nagell, & Tomasello 1999）。例えば、母親がりんごを指して、りんごと子ど

もを見ながら「これはりんごよ」と子どもに言ったとする。それを聞いている子どもは，生後9ヶ月を過ぎると，母親の視線の先にりんごと自分があるということを理解し，さらに母親は自分にりんごに注意を向けてほしいという意図を持っているということも推測できるようになるのである。このように対話の相手と注意の対象を共有することができる能力を共同注意と呼んでいる。この共同注意の獲得によって，生後12ヶ月ごろから，乳児は対話の相手の視線の動き，指差し，発声などを介して，相手が自分に注意を向けてほしいものは何かを理解することができるようになる。対話の相手が発した語彙の音声と，それが指すものを視線や指差しなどを通して結びつけることも，この共同注意によって可能になるのである（Baldwin 1995）。生後18ヶ月くらいになると，視線や指差し以外にも，対話の相手の声に表れる感情などを含めたさまざまな社会的な手がかりを使って，相手の意図した対象と語彙音声を結びつけることができるようになる（Baldwin 1995; Dunham & Dunham 1992）。そして乳児の社会的学習力が高まるのに比例して，日々の語彙獲得の数が増え，生後18ヶ月から24ヶ月くらいまでの間にそれ以前と比べて急激に日々の獲得語彙数が増える「語彙爆発（vocabulary explosion, word spurt）」と呼ばれる時期をむかえるのである。語彙爆発の時期には，子どもは多ければ1日に9つの新しい語彙を獲得すると言われている（Goldfield & Reznick 1990）。

　その一方で，共同注意の獲得ができないために，語彙の獲得が遅れる場合もある。自閉スペクトラム症児がその代表的なケースである。定型発達児であれば生後12ヶ月くらいには相手の視線を手がかりに，相手が自分に注意を向けてほしい対象は何かを理解することができるようになるが，自閉スペクトラム症児は，視線を手がかりにして相手の意図を理解することが困難である（Mundy, Sigman, Ungerer, & Sherman 1986）。

そのために語彙音声を聞いても，自分の関心のあるものと結びつけてしまい，語彙の意味を誤って学習してしまう可能性が高い（Baron-Cohen et al. 1997）。

対話の相手の知識の理解

　語彙爆発の時期以降，子どもが獲得する語彙はさらに増えていく。また語彙獲得を促進する社会的学習能力も著しく伸びていく。3歳までには，新しい語彙を大人から学習する際に，相手の知識，年齢，専門性などを考慮し，信頼できる相手からのみ学習をするようになる（Koenig & Harris 2005）。さらに，自分と同じグループのメンバーとそうでない人を区別して，例えば自分と同じ言葉を母語とする大人と外国語を母語とする大人が新しい語彙を教えてくれる状況では，自分と同じ言葉を母語とする人から学習することを好むということもわかっている（Corriveau, Kinzler, & Harris 2013）。

　日本語を母語とする3歳児と4歳児が，自信のありそうな大人からは新しい語彙を学習し，自信のない大人からは学習しないということを示す研究を紹介しよう（Matsui, Yamamoto, Miura & McCagg 2016）。この研究に参加した子どもは全員同じひとりの女性から新しい語彙（おもちゃの名前）を学習した。ただし，この女性は，半分の子どもには確信を表す文末助詞「よ」を使って自信を持って話し，残りの半分の子どもは文末助詞「かな」を使って自信がなさそうに話をした。自信を持って話をする場合は，子どもにおもちゃを紹介するときには「これは○○だよ」と言い，おもちゃの使い方を説明するときには「これはこうやって遊ぶんだよ」と話して，一貫して文末に「よ」を用いた。対照的に自信がない話し方をする時には，「これは○○かな」「これはこうやって遊ぶのかな」のように，必ず文末に「かな」をつけて話をした。調査の結果，

3歳児も4歳児も，女性が文末助詞「よ」を使って新しい語彙を教えてくれたときにはそれを学習し「かな」を使ったときには学習しないことがわかった。この結果から，日本語を母語とする子どもは，3歳までに文末助詞「よ」と「かな」が表す話し手の確信度を理解し，それを手がかりに確信度の高い話し手からは進んで学習するだけでなく，確信度の低い話し手からは学習しないと判断するということがわかった。重要なことは，乳幼児期は語彙獲得を含めさまざまな知識の獲得が始まる重要な時期であるが，間違った知識を獲得することを避けようとする社会的な能力が幼児期にすでに発達しているということである。

語意学習に臨界期はない

生後18ヶ月ごろからの語彙爆発の時期以降，乳児はたった1回でも学習の機会があれば，すぐさま語意を学習し記憶するということがわかっている。このように，少ない学習の機会を捉えて語意を獲得することを，「即時マッピング（fast mapping）」と呼んでいる（Carey & Bartlett 1978; 今井・針生 2007）。新しい語彙を学習する際，子どもは新しい語彙音声とその語彙の指示対象とを，推論をもとに結びつける。その推論には重要な制約がある。例えば新しい語彙音声の指示対象を推測する際，すでに自分が知っている語彙の指示対象となっているものは候補からはずすという制約である。即時マッピングは，このような語意学習に必要となる推論の制約の獲得によって可能になると考えられている。そしてそれが獲得できるのが生後18ヶ月から24ヶ月くらいの時期だと考えられている。この能力と急激に語彙の数が増えることとの関連は深いと思われるが，24ヶ月以降も語意学習に必要な推論能力や，学習した語彙を長期的に記憶する能力は年齢が上がるにつれて高まる。そのため，語意の獲得率も年齢とともに上がると考えられている（Bion, Borovsky, &

Fernald 2013)。

　英語圏で育つ子どもの話になるが、子どもが1日に獲得する語彙の数について興味深い報告がある。子どもの年齢を、①12ヶ月から16ヶ月、②16ヶ月から23ヶ月、③23ヶ月から30ヶ月、④30ヶ月から6歳、⑤6歳から8歳、⑥8歳から10歳、の6つの時期に分けると、それぞれの時期に1日に獲得する語彙数の平均が、直前の時期の倍になるというのである (Bloom & Markson 1998)。もちろん子どもの語彙の獲得数を正確に出すことは至難の技なので、あくまで目安として捉えるべきである。しかしひとつ確実に言えることは、語彙の意味獲得は長期的な学習を必要とするということである。

　子どもと大人を比べてみるとどうだろうか。こちらも英語圏の研究だが、前述の即時マッピングを3歳児、4歳児、そして大学生にしてもらったという調査がある (Markson & Bloom 1997)。6つの候補の中から、「コバ」という新しい語彙が指すものを推測して、それを語彙の意味として学習する課題が与えられた。学習した語意を1ヵ月後まで記憶できたかどうかを調べたところ、3歳児、4歳児、大学生の記憶力に差がなかった。この結果から、研究者たちは音韻体系の学習とは異なり、語意学習には臨界期はないと提案している。

　語彙の中には、抽象的な意味をもつものや、複雑な概念を表すものも少なくない。そのような語彙は、むしろ長期的に、概念的な発達と平行して獲得されると考えられる。次の章では、語彙学習のそのような側面について考えてみたい。

7 | 言語習得論②
─概念の獲得と語意学習─

松井智子

《目標&ポイント》 語彙の中には，抽象的な意味を持つものがある。たとえば，目に見えない感情や態度などを表す語彙がそうである。この章では，このような語彙の意味習得に焦点を当て，概念の獲得と語意学習の関係を概観する。また母親との日常的な会話の質や量が，語意学習に影響を与えることについても考察する。語彙の習得は，産出と理解の両方の側面から検討が必要であることも確認する。
《キーワード》 語意，概念，感情，態度，母子会話，文化差

1. 感情を表す語彙の意味を習得する

言語獲得前の感情の理解や表出

　感情は言葉を媒介として伝わることもあれば，顔の表情や視線，姿勢，声の調子などといった非言語情報から伝わることも多い。言語を獲得する前の乳児は，非言語的な方法で感情を表したり（これを感情の表出という），理解したりする。まずそれがどのように発達するかを簡単におさえておこう。

　乳児は，生まれてからひと月くらいの間は，興奮と苦痛くらいしか感じないと考えられている。ふた月目になると，「社会的微笑」とも呼ばれる表情によって，喜びを表すようになる。その後，4ヶ月から8ヶ月くらいの間に，それまで漠然とした苦痛として認識されていたものが，

痛み，悲しみ，怒りといった別々の感情に分かれるようだ。

　悲しみの感情もそのころから表出されるようになる。ただし乳児期の感情理解はまだ漠然としたもので，肯定的な感情と否定的な感情という二極の状態の理解にとどまっている。この二極状態から，感情の理解は子どもの成長に応じて細分化されるようだ。6ヶ月くらいから，期待に反するできごとに対する驚きも見られるようになる。15ヶ月以降，自己意識が芽生えるころに，乳児は照れくささや，嫉妬，共感を理解するようになる。その後2歳半から3歳にかけて，自己評価を伴う照れくささや，誇り，恥，罪悪感などといった，より社会的な感情が発達すると考えられている（Lewis 2010）。

感情を表す語彙の産出

　これらの非言語的な感情の発達を基盤として，相手に伝えたいという意図のもとに感情を表出したり，相手が意図的に伝達した感情を理解したりする能力は，2歳以降に語彙の意味習得とどのように関係しながら発達するのだろうか。

　乳幼児は2歳の後半くらいから，基本的な感情を表す言葉を使い始める（これを言葉の産出という）。子どもは，2歳で感情語彙を使い始めると，喜び，悲しみ，怒り，恐れの感情についてまずよく話すようになる。驚きや寂しさについて話をするようになるのはもっと先で，3歳から4歳の間である。

　日本語を母語とする2-3歳児は感情を表す語彙をどのように会話の中で使うのだろうか。女児1名，男児1名の母子会話をデータとした我々の調査の結果を紹介しよう（松井 2014）。この調査で用いられたデータは，子どもの2歳の誕生日から6週間と3歳の誕生日から6週間，週5日間に渡って母親と子どもとの自然な会話をビデオ録画し，書き起

こしたものである。英語圏の先行研究を参考にして，肯定的感情の語彙として「嬉しい」「可笑しい」「面白い」「好き」「すごい」「大丈夫」「楽しい」「良い」を，否定的感情の語彙として「怒る」「悲しい」「可哀そう」「苦しい」「困る」「怖い」「寂しい」「残念」「つまらない」「恥ずかしい」「びっくりする」「悪い」を選択し，これら20の語彙を子どもが会話の中でどのように使用しているかを分析した。

肯定的感情と否定的感情を表す語彙を子どもが初めて使った時期を調べたところ，**表7-1**のような結果となった。いずれも2歳の誕生日から6週間と3歳の誕生日から6週間の間に子どもが初めて使った時期を記載している。否定的感情語彙の中で「苦しい」「つまらない」は2人とも使っておらず，「残念」と「悪い」はひとりしか使っていなかったため，表には記載していない。

表7-1　日本語を母語とする子どもの肯定的・否定的感情語彙の使用時期（初出）

肯定的感情語彙

	うれしい	可笑しい	おもしろい	好き	すごい	大丈夫	楽しい	良い
女児	2歳1ヶ月	2歳1ヶ月	2歳0ヶ月	2歳0ヶ月	2歳0ヶ月	2歳0ヶ月	2歳0ヶ月	2歳0ヶ月
男児	2歳0ヶ月	2歳0ヶ月	2歳0ヶ月	2歳0ヶ月	2歳0ヶ月	2歳0ヶ月	2歳0ヶ月	2歳0ヶ月

否定的感情語彙

	怒る	悲しい	可哀そう	困る	こわい	寂しい	恥ずかしい	びっくりする
女児	2歳0ヶ月	3歳0ヶ月	3歳1ヶ月	2歳0ヶ月	2歳0ヶ月	3歳0ヶ月	2歳0ヶ月	2歳0ヶ月
男児	2歳0ヶ月	2歳0ヶ月	3歳0ヶ月	2歳0ヶ月	2歳0ヶ月	3歳0ヶ月	2歳0ヶ月	2歳0ヶ月

さらに，2人の子どもが感情語彙を文脈的に的確に使っているかどうかを確認するために，感情語彙を含む子ども発話を前後の母親の発話と照らし合わせて検討した。実際の使用例をいくつか見てみよう。

・女児　「おもしろい」（2歳0ヶ月）
母：　何が始まるかな？
子：　おもしろいね。
母：　おもしろいかな？
（「お話」（一寸法師）がテレビで始まる時の会話）

・女児　「だいじょうぶ」（2歳0ヶ月）
子：　くくちゃん，だいじょうぶ？
母：　どうしたの？
（女児が籠を持ってきてそれを「くくちゃん」にぶつけてしまった時の会話）

・男児　「怒る」（2歳0ヶ月）
母：　とんとん　しない。
子：　怒ってるね。
母：　どんどん　したら　怒っちゃう。
（夕食中，男児がテーブルをたたいたのを母親に注意されたときの会話）

・男児　「恥ずかしい」（2歳0ヶ月）
子：　はだかんぼう　はずかしいね。
母：　はだかんぼう　はずかしいね。

（男児が着替えているときの会話）

・女児　「びっくりする」（2歳1ヶ月）
子：　びっくりしちゃった，びっくり。
母：　びっくりしちゃったか？
（シールを貼っている時に大きな飛行機が現れて女児がびっくりした時の会話）

・女児　「寂しい」（3歳0ヶ月）
子：　いや，くまちゃん見たい，わーん。
母：　終わっちゃった。
子：　やだ，寂しいよ，わーん。
（女児が折り紙で遊んでいるうちに「くまちゃん」の出るテレビ番組が終わってしまい，女児が泣いているときの会話）

・男児　「可哀そう」（3歳0ヶ月）
子：　かわいそう？
母：　かわいそうだよ，パチンてしたら。
（弟の近くで男児が手をパチンとたたいた後の会話）

　実際の感情語彙の使用を会話の文脈と照らし合わせて見ると，子どもが文脈に合わせて正しく感情語彙を使っていることが確認できる。
　日本人の子どもの感情語彙の使用を，英語を母語とする子どもの感情語彙の使用に関する先行研究（Wellman, Harris, Banerjee & Sinclair 1995）と比較すると，2歳の時点で喜びを中心とした肯定的感情の語彙を使い始める点と，怒りやおそれについて話を始める点が，両言語に共

通することがわかった。否定的感情のひとつである寂しさについて話をするのが3歳以降であるという点も英語の場合と同じであった。

　子どもが2歳でも使える感情の語彙がある一方で，3歳にならなければ使えない語彙もあるという点はどのように説明できるだろうか。感情を個人的なものと社会的なものに分けて捉えると説明しやすいかもしれない（Widen & Russell 2010）。一般的に，社会的な感情は個人的な感情に遅れて理解が始まる傾向があるようだ。個人的な感情というのは，他者を介さなくても生まれる感情である。対照的に，社会的な感情とは，自分と他者との関係性に起因するものである。社会的な感情にどのような感情を含めるかは意見が分かれるところであるが，「怒り」「恐れ」「悲しみ」「喜び」「驚き」「嫌悪」といった基礎レベルの感情は含めないことが多い。幼児期に発達する社会的な感情には，「恥ずかしい」「可哀そう」「うらやましい」などが含まれると考えられる。これらの言葉が共通して3歳以降に使われることは，このころに社会的関係に基づいた感情の理解が始まることを示唆していると言えるだろう。

　感情語彙の使用時期について，日本語を母語とする子どもと英語を母語とする子どもの間には，多くの共通点がある。ただその一方で，相違点もある。興味深い例として，「びっくりした」と「恥ずかしい」という語彙の使用時期が異なっていることを挙げておこう。英語圏の調査報告（Wellman, Harris, Banerjee & Sinclair 1995）によると，「びっくりした」に相当する *surprised* は英語圏では3歳以降に出現すると報告されている。また「恥ずかしい」に相当する *embarrassed* は4歳までには出現していない。これらの語彙は，我々の日本人の母子会話データによると，2歳のときに既に子どもが使っていたものである。英語圏の子どもに比べると随分早い時期から日本人の子どもは「びっくりした」「恥ずかしい」という語彙を使っていたということになる。なぜこのよ

うな二言語間の差異が生じたのだろうか。

　おそらく日本人の母親がこれらの語彙を頻繁に使っており，その影響で子どもも早い時期から使用していた可能性は高い。子どもがしたことが社会的に承認できないものであることを伝えるために，教育的な配慮のもと「恥ずかしい」や「びっくりする」という語彙を日本人の母親が頻繁に使うという報告もある（Clancy 1986, 1999）。子どもの行為が社会的に承認し得ないものであることを，母親が会話の中で恥の概念に照らして教えようとするのは，ひとつの文化的な特徴である。このような文化的特徴は，日本だけでなく，韓国や台湾などアジアの国に多く見られる（Lo & Fung 2012）。どの言語文化においても，母親を中心とした周囲の大人が，子どもとの会話で感情表現をどのように使うのかは，文化的背景の影響を受ける。その結果，子どもの感情表現の習得時期，さらには概念形成の言語差・文化差が生まれる可能性が高い。

感情を表す語彙の理解

　これまで子どもの感情語彙の産出について見てきたが，感情語彙の意味理解がどのように発達するのかについても検討する必要がある。子どもの感情語彙の意味理解は，感情の概念理解に基づいているという考え方が広く支持されている。この議論は，感情の概念に基礎レベルを構成するものがあり，そしてそれがいずれの文化にも普遍的であるという仮説に基づいている。これまで，「怒り」「恐れ」「悲しみ」「喜び」「驚き」「嫌悪」の6つの感情が基礎レベルの感情概念であるとされてきた。これらの個別の感情概念がまず獲得され，その後，それぞれの概念がより細分化されるという発達のプロセスを仮定する，概念の「個別性」を焦点としたアプローチが研究の主流となっている。

　6つの基礎レベルの感情概念が，同時に獲得されるのか，それとも異

なった時期に獲得されるのかを知るためには，子どもの感情語彙の理解を調べることが有効である。感情の語彙を子どもが正しく理解しているかどうかを見る方法のひとつは，子どもにさまざまな感情を表す顔の表情を順番に提示し，その表情に合う感情の語彙を言葉にしてもらうという方法だ。表情が示す感情と語彙の意味を正しく結びつけることがどうかを見ることによって，子どもの感情語彙の理解を判定することができる。この方法を用いて英語を母語とする子どもの感情語彙理解を調査したところ，*happy, angry, sad* という言葉は3歳ごろから正しく理解することができ，*scared, surprised, disgusted* という言葉は3歳ではまだ使えないが，5歳までの間に徐々に使えるようになることがわかった（Widen & Russell 2003）。6つの基礎レベルの感情語彙のなかでも，獲得が比較的早いものと遅いものとがあるようだ。

　この過程は，非英語圏の子どもについてもあてはまるのだろうか。我々は，日本語を母語とする3歳児を対象に，感情語彙を子どもに聞かせて，それに合った表情を選んでもらう実験を行った。実験の手順は以下の通りである。子どもはパソコンの画面上に提示された2枚の顔写真を見るようにと指示を受けた。2枚の顔写真は，同じ人の顔を写したものだが，一枚はポジティブ感情を表す表情で，もう一枚はネガティブ感情を表す表情であった。実験者はそれぞれの感情語彙について質問をした。例えば「うれしいときの顔はどっち？」，「こわいものを見たときの顔はどっち？」などと尋ね，子どもに指差しでどちらか一枚の顔写真を選択するように促した。刺激として選択した語彙は，「嬉しい」「おいしい」「おもしろい」「かわいい」「かっこいい」「楽しい」の6つのポジティブ感情の語彙と，「悲しい」「汚い」「怖い」「さびしい」「つまらない」「まずい」の6つのネガティブ感情の語彙だった。大人の正答率は，すべての感情語彙について9割以上であった。3歳児については，8割

以上が「嬉しい」「おいしい」「おもしろい」「かわいい」「楽しい」の5つのポジティブ感情語彙と「汚い」「怖い」「つまらない」「まずい」の4つのネガティブ感情語と表情の結びつきを正しく理解していた。対照的に「かっこいい」「悲しい」「さびしい」の感情語彙については，表情と正しく結びつけられた子どもは5割程度だった。この結果から，「悲しい」「さびしい」などの語彙は，3歳児が日常的に正しい文脈で使っているものではあるが，顔の表情と結び付けてこれらのネガティブ感情語の意味を理解することは，3歳児にとっては難しいことが示された。

母子会話の影響

　子どもの感情語彙の理解には，文化差や個人差があると考えられている。その要因のひとつが母親との会話である。母親が子どもとの会話の中で，感情や態度について言及したり，感情や態度を話題にしたりすることは，子どもが感情や態度を表す語彙の意味を習得するのに，重要な役割を果たしているようだ。母親との会話は，感情や態度を表す語彙の習得に限らず，より一般的な感情や態度の理解にも関係が深いと考えられている。ここでひとつ研究を紹介しよう（Denham, Zoller & Couchoud 1994）。この研究では，乳児が8種類の感情（興味，喜び，驚き，悲しみ，怒り，嫌悪，軽蔑，恐怖）を表現している8枚の写真を見ながら，母親と就学前の子どもに会話をしてもらい，その内容を分析した。加えて8枚の写真のうち，悲しみと怒りの感情を表している乳児の写真2枚を参考にして，母親に子どもの前でできる限り自然に同じ感情を表現してもらい，子どもの反応を調べた。その結果，子どもへの会話において，高頻度で感情に言及し，感情の原因について説明する頻度が高い母親の子どもは，より高度な感情理解を示すことがわかった。また，別の研究（Dunn, Brown, Slomkowski, Teska, Youngblade 1991）

では，子どもが生後33ヶ月の時点で母親が会話のなかでどのくらい感情の語彙を使っているか，そしてそれが後の子どもの感情語彙などの理解に影響を与えるのかを調べた。その結果，母親が高い頻度で感情のことばを使っていると，7か月後には，子どもの感情の語彙の理解に促進が見られただけでなく，他者の視点や考えを理解することについても促進効果があることがわかった。

2. 確信度を表す語彙の意味獲得

では次に，確信度を表す語彙の発達について見ていこう。これまでの研究から，話し手のさまざまな態度の中で，子どもが早いうちから理解できる態度のひとつが話し手の確信度であることがわかっている。英語圏の調査では，話し手が自分の話している内容に確信を持っているのか否かについて，子どもは3歳前後に判断できるようになるようだ。表情やジェスチャーといった非言語的な手掛かりを使って，話し手の確信度を理解するようになるのはかなり早く，2歳半から3歳にかけてであるようだ（Birch, Akmal & Frampton 2010）。

一方，子ども自身が表情やジェスチャーを使って自分の確信度を伝えるのがいつごろなのかについては今のところ調査がなされていない。しかし子どもが自分の確信度を，言語表現を用いて相手に伝えるようになるのがいつごろなのかについては，いくつかの調査結果が報告されている。英語を話す子どもは，2歳8ヶ月くらいで，話している内容に自信がないときには *I think* という表現を用い，自信があるときには *I know* という表現を使うことが観察されている（Diessell & Tomasello 2001; Shatz, Wellman, & Silber 1983）。また *maybe* という言葉を2歳以降によく使うようになると報告されている（O'Neill & Atance 2000）。

確信度を表す語彙の産出

　日本語を話す子どもはどうだろうか。日本語には「たぶん」「おそらく」「〜みたい」「〜らしい」「〜かも」「〜はず」「〜かな」「〜だよ」などといった，話し手が確信を持って話の内容を伝えているのかどうかを表す表現が豊富にある。これらの表現を日本の子どもが使い始めるのはいつごろなのだろうか。表現によって使用開始時期が異なる可能性は高いだろう。

　ここでは子どもの確信度表現の産出について，我々のグループの母子会話調査からわかりつつあることを報告したい。データは，感情語彙の産出を調べるのにも用いた女児１名，男児１名の母子会話コーパス（２歳の誕生日から６週間と３歳の誕生日から６週間の２期間）である。「多分」「もしかして」「かな」「かも」「じゃない？」「そう」「だろう」「みたい」「はず」といった，話し手が100パーセント確信を持てないことを示す表現と，対照的に話し手が強い確信を持っていることを示す文末助詞の「よ」を初めて子どもが使用した時期を調べてみた。その結果，それぞれの確信度表現の初回の使用時期は**表７−２**のようになった。

表７−２　日本語を母語とする子どもの確信度表現の使用時期（初出）

	多分	もしかして	かな	かも	じゃない？	そう	だろう	みたい	はず	よ
女児	2歳0ヶ月	3歳0ヶ月	2歳0ヶ月	2歳0ヶ月	2歳0ヶ月	2歳0ヶ月	2歳0ヶ月	2歳0ヶ月	3歳0ヶ月	2歳0ヶ月
男児	3歳0ヶ月	2歳0ヶ月	2歳0ヶ月	2歳1ヶ月	2歳0ヶ月	2歳0ヶ月	2歳0ヶ月	2歳0ヶ月	3歳0ヶ月	2歳0ヶ月

　調査の結果わかったことは，文末表現の多くは２歳の時点で使われているものが多く，副詞はそれよりも使用時期が遅れる傾向があるということである。どちらも確信度を表す語彙だが，なぜ副詞よりも文末表現が早く使われるようになるのかについては，いくつかの可能性がある。原

因のひとつとして考えられるのは，母親の使用頻度である。データを見ると，母親の「よ」と「かな」の使用頻度が他の語彙と比べて格段に高いことがわかった。これらの助詞を子どもが早いうちから使い始めることと，母親の使用頻度の高さには関連がありそうだ。

さらに子どもの確信度表現の使用例を前後の母親との会話の中で見てみると，各語彙の意味を正しく理解した上で使っているように見受けられる。

・女児　「みたい」　（2歳0ヶ月）
　子：　アスパラさんはどっか行った？
　母：　アスパラさんは切ってボールに入れました。
　子：　どっか行っちゃったみたい。
　母：　そうね。

・女児　「多分」「かも」（2歳0ヶ月）
　子：　ちょっと大きいかな。
　子：　多分大きいかも，大きいかも。
　母：　何が大きいの？
　子：　ワンワンの，大きい。

・女児　「もしかして」「かも」（3歳0ヶ月）
　子：　レジャーシートもあるし。
　子：　もしかして寝るかもね。

・男児　「かな」　（2歳0ヶ月）
　子：　おじちゃん，いるかな。

母：　おじちゃん，いるかな。
母：　運転手のおじちゃんいるかな。

・女児　「じゃない？」（2歳0ヶ月）
子：　もうないよ。
子：　おとうさんが，食べたんじゃない？
母：　もういらないんじゃないの？

・男児　「そう」（2歳1ヶ月）
母：　ひけるよ，ピアノ。
母：　やったー，Tちゃんピアノひける。
子：　うれしそうなお顔，みせてください。

・女児　「だろう」（2歳0ヶ月）
母：　なにかな？
子：　なんだろうね。

・男児　「はず」（3歳0ヶ月）
母：　ちょっと暗くなってきたか，電気つけようか。
子：　夕方，お月様出てくるはずなんだけどね。
母：　ねえ，どうだろうね。

・女児　「よ」（2歳0ヶ月）
子：　来たよ。
母：　うん。とんとんとんって，階段下りてきた？
子：　降りてきたよ。

母： うん，そうか．

　これらのデータから，子どもが2歳という早い時期から，会話の中で自身の確信の程度を示しながら話をしていることがわかる．またこのことは，2歳から3歳の間に，子どもが確信度の概念を獲得していることを示唆している．しかし英語圏のデータとは異なり，日本人は母子ともに会話の中で「〜だと思う」という表現や「〜だと知っている」という表現をほとんど使っていなかった．確信度の概念の獲得と，それを表す語彙表現の獲得はどのような関係にあるのだろうか．

確信度を表す語彙の理解
　確信度の概念が3歳までに獲得されているのかどうかを確認するには，子どもの理解面について検討する必要がある．ここでは実験の報告を含めながら，子どもがいつごろから確信度の表現を聞き手として理解できるようになるのかについて考えてみたい．我々は3歳から6歳の子どもを対象に確信度理解を検証する実験を行った (Matsui, Yamamoto & McCagg 2006)．この実験で子どもは，パソコンの画面上でアニメーションを見て，2匹の動物がくれるヒントをもとに，2つの箱のどちらに探し物が入っているかを当てるように指示された．2匹の動物はそれぞれに，赤い箱と青い箱のどちらに探し物が入っているかを子どもに話した．ただし，2匹の言っていることは矛盾していて（片方は赤い箱にあると言い，もう片方は青い箱にあると言っていた），子どもはどちらか1匹の動物が言っていることを信じて箱を選択しなければならなかった．子どもに与えられた手掛かりは，2匹の動物が使っている確信度表現であった．たとえば片方は「赤い箱にあるよ」と言えば，もう片方は「青い箱にあるかな」と言ったのである．

実験の結果,「よ」を使う動物と「かな」を使う動物が出てきた場合,3歳児でも「よ」を使った動物の言うことを信じ,「かな」を使った動物の言うことは信じないことがわかった。話し手の確信度を理解できるのは,英語圏を中心とした研究では4歳から5歳の間だとみなされている（Moore, Pure, & Furrow 1990）。それと比べると,日本人3歳児が「よ」と「かな」という言葉が表す話し手の確信度を理解するのは1年ほど早いと言える。ただし,文末助詞のない英語で,確信度を表す表現として実験に用いられたのは動詞の *I think*（〜と思う＝確信度低）と *I know*（〜ということを知っている＝確信度高）という動詞のコントラストであった（Moore, Bryant, & Furrow 1989）。そこで,「〜と思う」といった人（確信度が低い）と「〜ということを知っている」（確信度が高い）といった人の確信度の違いを日本人の子どもがいつわかるのかを調べてみた。その結果,英語圏の調査と同様に,4歳以降にならないと,その違いがわからないということが明らかになった。

　このように英語圏の子どもと日本語を母語とする子どもの確信度表現の理解を比べると,子どもの話し手の確信度の理解が可能になる時期は,それを表す言語表現の形式によっても変わるということが明らかになった。先に紹介したように日本語を母語とする子どもは,母親が高頻度で使用する文末助詞を2歳までに使い始めるが,「〜と思う」「〜ということを知っている」という動詞は,子どもが3歳のときには母子ともにほとんど使っていない（Matsui, Yamamoto & McCagg 2006）。つまり,確信度の概念そのものは3歳児までに理解できるものの,それを表す形式の獲得時期については,会話における使用頻度や文法獲得の影響を受けると考えられる。

語彙習得と概念形成との関係

　これまで見てきたことを振り返ると，産出と理解の両側面から見た語彙習得と，子どもの感情や態度の概念的な理解は，相互的な関係を持っているようだ。子どもは生後5ヶ月のころから非言語的な情報として感情を理解し始めるが，言語習得が本格的に始まる2歳ごろから，言語情報を非言語的情報（パラ言語的情報や，ジェスチャーや表情などを含む）よりも優先的に処理する傾向が出始める。7歳以降，徐々に言語情報と非言語情報の統合が可能になるようだ。これまでの研究からわかることは，子どもの初期の感情理解は，非言語的な情報を基にする場合も言語的な情報を基にする場合も，ともに普遍的な発達によるところが大きいということである。

　しかし，2歳以降に徐々に会話に参加する機会も増えてくると，言語そのものの習得が進む。それとともに，言語を通した当該文化の獲得も始まる。母子会話の経験は，それぞれのコミュニティの言語文化を学ぶ機会として捉えることができるだろう。例えば感情や態度をどのような状況でどのような形式（言語，パラ言語，非言語）で伝えるかということも，それぞれの言語コミュニティの文化によって決定されるということになる。感情や態度の語彙表現を学習する中で，子どもはそれぞれの文化に存在する感情や態度の表明方法に関する暗黙のルールも同時に学習しているということだろう。

8 | 言語習得論③
―多言語環境における言語習得―

松井智子

《目標＆ポイント》 この章では，生まれてすぐに2つ以上の言語が使われている多言語環境で育つ子どもの言語発達について考える。グローバル化に伴い，多言語環境で育つ子どもは世界規模で増加しているが，我が国でも定住外国人家庭の子弟は増加傾向にある。そのような子どもたちの幼児期の言語発達について概観するとともに，前章でも見てきた言語の発達と感情や態度といった心の理解との関係について考察する。また言語発達に遅れが生じた場合にどのような問題が起こるかについても検討する。
《キーワード》 多言語環境，バイリンガル，第二言語習得，メタ表象，心の理論，文法

1. 多言語環境で育つということ

バイリンガルへの道は厳しい

　日本生まれ，日本育ち，両親とも日本人，と3拍子揃えば，典型的な日本語モノリンガル児が育つことはほぼ間違いない。逆に，子どもが生まれたときから，あるいは生後間もなく，2つ以上の言語が日常的に話されている環境に置かれたとする。例えば両親が国際結婚をしている場合や，日本人の両親が海外赴任している最中に子どもが生まれた，という場合などである。バイリンガル児（二言語を母語として獲得する子ども）になるという期待が生まれることだろう。しかし，実は二言語環境で育つ子どもの言語発達は，一言語環境で育つ子どもの発達に比べて，

個人差が大きい。バイリンガル児の言語発達は，親の教育方針や，それぞれの言語との接触の質と量などといった環境的な要因と，子どもの発達のどの段階でそれぞれの言語と接触していたかという相互作用の産物と考えることができる。そのため，モノリンガル児と違って，これが典型的な発達だというパターンがないと言える。モノリンガル児の発達はかなりの程度，予測が可能だが，バイリンガル児の場合はそれがなかなか難しいということになる。

　それでも，多くのバイリンガル児にあてはまる特徴が2つある。ひとつめは，バイリンガル児のそれぞれの言語の語彙数は，モノリンガル児の語彙数と比べて少ないということである。カナダで実施された調査では，3歳から10歳までの子どもたちを比較しているが，すべての年齢を通して，バイリンガル児の英語の語彙力は，モノリンガル児に及ばなかった（Bialystok et al. 2010）。これは，モノリンガル児がひとつの言語の語彙を学習するのと同じ時間で，バイリンガル児が2つの言語の語彙を学習しなければならないことを考えれば，当たり前だとも言えよう。しかし日本を含め，多くの国の教育カリキュラムがモノリンガル児の発達パターンに沿って作られている。例えば日本の小学校における教科教育の内容は，小学校に入学するころにはこのくらいの語彙がある，4年生までにはこのくらい複雑な文章が読める，といった日本語モノリンガル児の典型的な発達パターンに応じて決められている。その中で，日本語の語彙力の少なさから，バイリンガル児が学習困難に直面する可能性は低くはない。

　2つ目は，子どもが二言語環境におかれたとしても，さまざまな環境的な要因で，両方の言語が一律に伸びることはごく稀だということである。アメリカで育つ日本人の子どもを対象とした研究によると，子どもの日本語力と英語力は，渡米年齢と滞米年数と関係があるそうである

（片岡・柴田 2011）。アメリカに長期滞在する子どもは，短期滞在の子どもと比べて，例えば日本語の文型や漢字の習得が遅れる一方で，英語の能力は高くなる。一般的に，子どもの成長とともに，教育の場や，社会で使われている言語としての「社会言語」が，家庭内のみで使われている言語である「継承語」よりも強い言語となる傾向があると言えよう。

日本で育つ日系外国人児童

　近年，中国人，ブラジル人，ペルー人，フィリピン人など，ニューカマーの定住外国人の増加に伴い，日本で生まれたり，生後まもなく日本に移り住んだりする外国人児童が増えている。このような子どもたちは，言語発達の最初期から，ブラジル人ならポルトガル語，ペルー人ならスペイン語といった，家庭で使われる親の母語である言葉（継承語）と，社会で使われる日本語（社会言語）との少なくとも2つの異なった言語環境で育つことになる。

　典型的に，継承語と社会言語の2言語環境で育つ子どもは，比較的早いうちから社会言語を獲得し，就学前には会話ができるくらいの言語能力を身につける一方で，高度な継承語の能力を獲得することが難しくなることが指摘されている。継承語の獲得が不完全であったり，獲得したものの喪失したりする場合もあり，その結果，家庭での親とのコミュニケーションがとりにくくなるという問題が起こり得る。

　社会言語に関しても，問題が指摘されている。会話をするための言語能力を獲得しても，就学後に必要となる，概念的により抽象的で，構造的により複雑な「学習言語」を獲得することが困難となる子どもが多いことである（バトラー・後藤 2011）。子どもの2言語獲得に関する研究によると，第2言語の学習言語の発達の基盤となるのは高度な第1言語の獲得であるとされており，高度な継承語の獲得ができなければ，社会

言語の高度な発達も望めないということになる (Cummins 1979)。

2. 社会的心理的な認知能力と言語能力

言語が支える社会認知

　子どもの言語発達が何らかの理由で遅れる場合，言語以外の認知機能の発達にも影響が出る可能性が高い。例えば，健全な母語の獲得と発達的に強い関連がある認知機能のひとつが社会認知能力である。モノリンガル児を対象とした研究では，言語能力が自己や他者の心を理解する力を予測すること (Milligan, Astington & Daek 2007)，また語彙力が高い子どもほど的確な感情の理解ができることがわかっている。逆に，何らかの理由で，乳幼児期の母語でのコミュニケーションが十分にとれなかった子どもは，のちに自己や他者の思考を理解することが困難になることも報告されている (Peterson & Siegal 1995)。

　現在わが国では，母語（継承語）が十分に伸びず，社会言語である日本語も会話レベル以上に伸びない外国人児童が少なくない。その子どもたちは，言語力の遅れのみでなく，自己や他者の心を理解する社会認知能力にも発達の遅れがある可能性がある。心の理解や社会的スキルの発達の遅れは，子どもたちの就学後の学校適応を困難にする要因になり得るが，言語の遅れに比べると，支援の対象になりにくい。また言語の遅れと心の理解や社会的スキルの発達との関係は一般的には広く知られていないという現状がある。多言語環境下での言語発達を考えるとき，乳幼児期の言葉と心の相補的な発達について理解することは大変重要なことである。

幼児期の心の発達を支える言葉の力

　ここでは，前章でとりあげた内容も振り返りつつ，言語獲得前から始

まる子どもの非言語的な心の理解が，言語を獲得することによって，より概念的な理解に変化する様子を概観したい。乳児期の感情理解はまだ漠然としたもので，肯定的な感情と否定的な感情という二極の状態の理解から始まり，年齢に応じてより細分化される（Lewis & Michalson 1983）。子どもは生後5ヶ月のころから，まず非言語的な情報として感情を理解し始める。生後5ヶ月から18ヶ月くらいまでは，乳児はイントネーションのような，「パラ言語（言語に付随する周辺的な情報）」的な感情表現に敏感に反応する（Fernald 1993；Moses, Baldwin, Rosicky, Tidball 2001；Vaish & Striano 2004）。

　急激に言語の発達が進む2歳くらいから，徐々にパラ言語情報よりも言語情報に，より強く反応するようになる（Friend 2000, 2001）。子どもが感情を表す言葉を使い始めるのは2歳の後半くらいからである（Bretherton & Beeghly 1982；Dunn, Bretherton, & Munn 1987；Wellman, Harris, Banerjee & Sinclair 1995）。2歳で感情語彙を使い始めると，子どもは，喜び，悲しみ，怒り，恐れの感情について，まずよく話す。一方，驚きや寂しさについて話をするようになるのはもっと後で，3歳から4歳の間である。子どもの感情語彙理解は，感情の概念理解に基づいており，「怒り」「恐れ」「悲しみ」「喜び」「驚き」「嫌悪」の6つの感情が基礎レベルの感情概念であるとされている。これらの個別の感情概念がまず獲得され，その後，それぞれの概念がより細分化される（Denham 1998；Izard 1994；Pons, Harris & de Rosney 2004）。

　3歳から4歳にかけて，子どもは感情に加えて知識という概念を理解するようになる。例えば，箱の中を見た人は，箱の中身を知っているというようなことがわかるようになり，自分が知っていることをまだ知らない人に対して積極的に教えようとする行動が出てくる。さらに5歳ごろには，思考や信念の概念を獲得する。現実に起こっていることとは別

に，何かを考えたり，思ったり，想像したりすることができることに気がつき，「思っている」「考えている」のような語彙を使ってそれを表現すること，またこれらの心的動詞を理解することができるようになる。このように2歳で感情の語彙を，3歳で知識の語彙を，そして5歳で思考や信念の語彙を理解するという発達段階は普遍的なものと考えられている。

　ただし感情や思考を表す語彙を子どもがいつごろ，どの程度理解するようになるかについては，文化差や個人差があると考えられている。その要因のひとつが母親との会話であることは前章で見たとおりである。母親が子どもとの会話の中で，感情や思考について言及したり，話題にしたりすることは，子どもが感情や思考を表す語彙の意味を獲得するのに，重要な役割を果たす。母親との会話は，感情や態度を表す語彙の獲得に限らず，より一般的な感情や態度の理解にも関係が深い。子どもが33ヶ月時の母親の感情の語彙の使用は，40ヶ月時の子どもの感情語彙の理解を予測するにとどまらず，他者の視点や信念の理解を促進する効果を持つとされる（Dunn, Brown, Slomkowski, Teska, & Youngblade 1991）。

　子どもの総合的な言語力が，心の理解を促進することも指摘されている（Astington & Jenkins 1999；Milligan, Astington, & Daek 2007）。子どもの言語力の発達を促進する重要な要因が家庭での会話であることは多くの研究結果が示すとおりである（Tamis-LeMonda, Kuchirko, & Song 2014）。家庭での会話の経験が豊富な子どもほど，言語力が高く，心の理解も言語力に応じて高まることが予測される。逆に，家庭での会話の経験が貧弱な場合，子どもに先天的な発達障害がないにもかかわらず，言語が伸び悩み，心の理解の発達も遅れる可能性が高い（Peterson, & Siegal 1995）。

就学前の心の理論の発達と就学後の学校適応

　5歳くらいになると，子どもは自分や他者が現実と異なることを考えたり，信じたりするということを理解し始める。このような理解を支える認知基盤を「心の理論」と呼ぶことが多い。誰かが心の中で信じていたり，考えていたり，意図していたりすることが何であるか，手掛かりをもとに仮説を立てて推測していく「能力」のことを指すと言ってもよいだろう（Perner 1991）。人間は自分の信じていることに基づいて行動するものだと仮定すると，ある人の信じていることがわかれば，その人の行動を予測したり，説明したりすることが可能になる。心の理論の発達を理解することは，それぞれの発達段階の子どもが他者の行動をどのように説明づけ，理解しているかを明らかにすることにつながる。

　子どもの心の理論の発達を調べるために広く使われている課題が「誤信念課題」である（Dennet 1978；Premack & Woodruff 1978；Wellman 1990；Wimmer & Perner 1983）。課題のストーリーの登場人物のひとりが，現実とは違うことを誤って事実として信じている，つまり誤った信念を持っているところから，このような呼び名がつけられたようだ。

　標準的な誤信念課題のひとつである「物の予期せぬ移動」課題の道具立てとストーリーは次のようなものである。登場人物は2人であるが，2人が一緒に行動することはない。2ヶ所の隠し場所とその中に隠されるものがひとつ必ず出てくる。例えば隠されるものがチョコレートだとしよう。まずひとり目の登場人物として女の子が出てきて，持っていたチョコレートをテーブルの上の缶に入れてからその場を去る。続いて2人目の登場人物として男の子が出てきて，そのチョコレートを見つけて缶から出し，さらにそれを冷蔵庫に移し，その場を去る。そのあと女の子が戻ってきて，これから先ほどのチョコレートを食べようと思って探しに行くところだ，というところでストーリーは終わる。このようなス

トーリーは，たいてい人形劇やアニメーションなどによって子どもに見せられる。

　課題の重要な部分は，ストーリーのあとの問いである。実験者は子どもに次のような質問をする。「今戻ってきた女の子（＝ひとり目の登場人物）は，まずどこにチョコレートを取りに行くと思う？」。子どもは大抵4歳から5歳の間に，ひとり目の登場人物である女の子が，最初にチョコレートを入れたテーブルの上の缶のほうに行く，と正しく答えられるようになる。しかし3歳児だとほぼ例外なく，現在チョコレートがある冷蔵庫のほうに取りに行く，と間違った答えをする。この問いに正しく答えるためには，ひとり目の登場人物が誤った信念（「チョコレートはテーブルの上の缶の中にある」）を持っていることを理解しなくてはならない。そしてそのためには，ストーリーの一部始終を見ていた子ども自身が持っている正しい信念（「チョコレートは冷蔵庫の中にある」）とは異なる信念を登場人物が持っていることを認識する必要がある。つまり，子どもは対照的な2つの信念を思い浮かべて，その違いを捉えなければならないのである。

　多くの研究者は，それを可能にするのは「（[誰々]）は（[何々]）を信じている〔（あるいは信じていない）〕」という入れ子構造を持った心的表象を思い浮かべる能力だと考えている。心的表象はおおよそ文のような構造を持っていると仮定されている。上の課題の問いに正答するためには，以下のような入れ子構造の心的表象を思い浮かべる必要があるということになる。

　　[ひとり目の登場人物は [チョコレートがテーブルの上の缶の中に入っている] と信じている]

このような心的表象は一次的メタ表象とも呼ばれている。「メタ」というのは「何重にも重なる構造のうち，高次の層をなす」というような意味を持つ用語である。「チョコレートがテーブルの上の缶に入っている」というひとつのまとまった表象が，より高次の「ひとり目の登場人物は○○と信じている」という表象に埋め込まれていることから，このように呼ばれる。メタ表象を思い浮かべることができる能力をメタ表象能力と呼ぶこともある。心の理論にはこのメタ表象能力が不可欠である。さらにメタ表象能力は，信念の理解に限らず，意図や態度といったその他の心的状態の理解にも必要であり，さらには発話の理解にも不可欠である。

　このメタ表象能力は，就学児童の学校適応や，学習に不可欠であると考えられる。学校適応に関しては，これまでに，心の概念的な理解ができる子どもほど，相手の意図や思考を理解する必要のある場面（例えば先生や友達の話を聞く，困っている友達を助けるなど）において，的確にふるまえることや，先生から社会的な能力が高いとみなされることがわかっている（Astington, & Pelletier 2005；Lalonde & Chandler 1995）。心の理論がうまく機能している子どもほど，就学後の学力が高いという研究結果も出始めている（Lecce, Caputi, & Pagnin 2014）。一方，言語力と心の理論の発達が遅れると，就学後の読解力の発達に影響が出ることも指摘されている（Hammer, Lawrence, & Miccio 2007）。

誤信念の理解と補文構造の理解

　これまで論じてきたのは，思考や推論に必要な心的なメタ表象能力についてであるが，メタ表象は心的なものだけではない。人間が持っているもうひとつの代表的なメタ表象能力は言語を対象とする。言語的メタ表象は文法構造に見られる。例えば以下のような文の中にはもうひとつ

の文（「お父さんがウイスキーを飲んでいた」）が埋め込まれていて重構造になっている。

　［お母さんは［お父さんがウイスキーを飲んでいた］と言いました］

このような「○○は△△と言った」「○○は××と思った」という文では，「言う」「思う」のような動詞の前にその内容となるもうひとつの文が来る。このような文の構造は「補文構造」と呼ばれている。この補文構造に着目し，子どもはまず補文構造を獲得し，その後に誤信念課題にパスできるようになると予測した研究がある。言語的メタ表象能力が，心的メタ表象能力の認知的な前提・基盤となるという仮説である。

　その仮説を検証するのに使われたのは，次のような課題である（de Villiers & Pyers 2002）。子どもはまず事実と異なる内容の発言を示す文を聞き，その直後に現実を示す文を聞かされた。質問は，最初の事実と異なる内容の発言に関するものである。

　「女の子は，お父さんの手に血がついていると言いました。でも，本当はケチャップでした。」

　質問：「女の子は，お父さんの手に何がついていると言いましたか？」

これまでの欧米での研究によると，5歳児であればこの質問に正しく答えられ，誤信念課題にもパスできることがわかっている（de Villiers 2007）。言語的メタ表象能力の獲得が，心的メタ表象能力の獲得の前提となるという仮説が支持されたと言えるだろう。

　さて，このような研究から推測できることは，子どもの文法能力の発

達が何らかの理由で遅れる場合，それが言語的メタ表象能力の発達の遅れにつながり，さらには心的メタ表象能力の遅れが生じることになる可能性があるということである。これまでに特異的言語発達障害のある子どもや難聴の子どもは，言語の発達の遅れとともに，心の理論の発達にも遅れがみられることが報告されている（Bishop 1997；Peterson, & Siegal 1995）。発達障害がなく，環境的な要因で言語発達が遅れる子どもの場合にも，言語的メタ表象能力および心的メタ表象能力の発達に遅れが生じる可能性もある。例えば子どもの言語能力や社会認知能力の発達は，親の社会的教育的地位の影響を受けることが知られている。多言語環境で育つ子どもを対象とした研究は少ないが，カナダの貧困層の移民の子どもの言語発達は，母親の学歴が高いほど，第二言語である英語の語彙発達が促進されることがわかっている（Goldberg, Paradis, & Crago 2008）。またアメリカの調査によると，貧困層の移民の子どもの24ヶ月，36ヶ月時の語彙力は，同年代のモノリンガルの子どもおよび貧困層でない家庭で育つバイリンガルの子どもと比べて低いと報告されている（Boyce, Gillam, Innocenti, Cook & Ortiz 2013）。このような子どもたちの言語力の遅れが，心の理論の発達にどのような影響を与えるのかということに関する研究は，世界的に未だほぼ皆無である。

3. 日本在住の日系外国人幼児の言葉と心の発達

日本で生まれた外国人幼児の言葉と心の発達

そこで，ここでは我々の研究を例に，母語と社会言語が異なる環境で乳幼児を過ごす子どもの言語と心の発達の関係について考えてみたい（松井・須藤2014）。近年，日本の就労を目的とした定住外国人家庭において，日本で生まれる，あるいは生後間もなく日本に移り住む子どもが増えつつある。定住外国人は日系ブラジル人家庭が最も多く，日系

フィリピン人家庭がそれに続く。その子どもたちの多くは，家庭言語である母語も十分に伸びず，社会言語である日本語も会話レベル以上に伸びない。また言語力の遅れのみでなく，他者の心を理解する心の理論の発達にも遅れがある可能性も高い。さらに社会的教育的地位の低い家庭の子どもが多いことから，現在日本にいる就労目的の定住外国人の子弟が置かれた環境は，言語力や社会認知能力の健全な発達を阻害する要因が非常に多いと考えられる。

松井・須藤の研究対象は，滞日外国人2世として生まれ，あるいは生後間もなく来日し，生まれたときから家庭言語と社会言語という二言語環境に置かれたブラジル人就学前児童である。調査参加児は，ブラジル国籍の幼児17名（うち男児9名，女児8名）であり，平均年齢は調査開始時で5歳5ヶ月であった。17名のうち，14名は日本で生まれ育っており，3名はブラジルで生まれ1歳になる前に渡日している。すべての子どもの両親はブラジル人で，ポルトガル語を母語とする。比較対象として，日本国籍の幼児14名（うち男児8名，女児6名）も参加した。調査開始時の平均年齢は5歳3ヶ月で，全員が日本で生まれ育った日本語を母語とするモノリンガル児である。

参加児は，言語能力，非言語推測能力，心の理論の発達に関する課題に取り組んだ。言語能力の調査では，日本語とポルトガル語の語彙力と誤補文の理解力を判定した。誤補文課題は，Jill de Villiersらが開発した英語の誤補文課題（de Villiers & Pyers 2002）の日本語版とポルトガル語版を作成し，使用した。ブラジル人参加児は，ポルトガル語の誤補文課題と日本語の誤補文課題にそれぞれ5問ずつ合計10問に回答し，日本人参加児は日本語の誤補文課題10問に回答した。非言語推理能力は，抽象的なパターン図の中で欠けている部分に当てはまるパターンを6つの候補の中から選ぶという課題（RCPM レーヴン色彩マトリックス検

査）を実施した。心の理論に関する課題は，モノの移動誤信念課題を使用した。加えてブラジル人参加児の日常生活における社会的スキルを調べるために「子どもの強さと困難さアンケート（Strengths and Difficulties Questionnaire: SDQ）」の記入を保育士に依頼した。これは「情緒的不安定さ」「行為問題」「多動・不注意」「仲間関係のもてなさ」と「向社会性」をそれぞれ5項目で測定する質問紙で，50ヶ国以上で使われているものである。

　調査の結果を概観してみよう。まず言語能力に関する結果は以下のとおりである。ブラジル人参加児の日本語とポルトガル語の語彙力は，どちらも生活年齢と比べると2年ほど遅れていた。しかし，バイリンガル児の語彙力は，二言語の語彙数を合わせた場合にモノリンガル児の語彙数に匹敵するという考え方があり，その見方をとれば，ブラジル人参加児の二言語の語彙力は日本人モノリンガルの語彙力にひけをとらないと考えることもできる。文法能力の指標となる誤補文課題については，2グループ間の平均得点には有意な差はなかったものの，ブラジル人参加児の得点には個人差が大きかった。そして，補文課題を理解できていない子どもが大部分であった。総合的に見て，ブラジル人参加児の言語能力は日本人モノリンガル参加児と比べて低かったと言える。

　その一方で，非言語推理能力に関しては，ブラジル人参加児と日本人参加児の間に有意な差は見られなかった。このことは，認知能力の中に言語の影響を受けるものと受けないものがあり，言語の影響を受けずに発達する認知能力に関しては，ブラジル人参加児に遅れは認められなかったことを示唆している。

　先行研究で言語発達の影響を色濃く受けるとされていた心の理論の発達に関してはどのような結果だったろうか。心の理論発達の指標となる誤信念課題の結果は，ブラジル人参加児と日本人参加児の間で差がみら

れた。ブラジル人参加児の平均得点は，日本人参加児の平均得点と比べて低かったのである。

　さらに，ブラジル人参加児の課題ごとの得点間の関係について検討したところ，以下のようなことが明らかになった。まず，誤補文課題がよくできていた子どもは，誤信念課題もよくできていた。この2つの課題の関係は欧米の先行研究でも示されており，本調査でも同様の結果となった。また，この2つの課題で高得点をとった子どもは，「子どもの強さと困難さアンケート」で向社会性が高いという評価を得ていたこともわかった。逆に，問題行動を起こす子どもは，誤信念課題や誤補文課題の得点が低かった。これらの結果から，ブラジル人参加児の誤信念の理解および誤補文の理解は，日常的な社会行動に反映されていることが示唆されたのである。

子どもの母語と社会性の相互的な発達
　これまでの欧米の研究は，スクールレディネス，すなわち小学校での集団的な学習および交流に対する構えが入学までに子どもに備わっているようにするために，言語と社会的スキルの健全な発達が不可欠であるとしている。言語と心の理論の発達が遅れると，就学後の教室での言語コミュニケーションを通した学習，および読解力の発達に影響が出る可能性が高いことも指摘されている（Hammer, Lawrence, & Miccio 2007）。これらの研究はすべてモノリンガルの子どもを対象にしたものなので，多言語環境で育つ子どもたちに当てはめてみると，乳幼児期の言語発達を支える母語（継承語）の安定した発達こそが，多言語を習得する子どもたちにとっては社会性や就学後の学習を支える心理的な基盤となると考えられる。

　この章で概観した研究は，日本で生まれ育つブラジル人の子どもたち

の言語発達の遅れが，心の理論や社会的スキルの発達の遅れの原因となっていることを示唆している。非言語認知能力は順調に伸びているものの，このままでは就学後に学校生活にうまく適応できず，思考力につながる学習言語を習得することが困難となる可能性が高い。日本で生まれ育つ多言語多文化児童が増えつつある今，このような子どもたちの健全な母語発達を阻んでいる要因は何なのかを明らかにするために，より多くの研究，またより大規模な縦断研究が必要である。

　さらに，日本国内でも英語の早期教育への関心が高まっている中，この章で見てきた研究結果は，母語発達の最重要期とも言える乳幼児期に外国語教育を取り入れる場合にも参考になるだろう。乳幼児期から小学校低中学年までの外国語教育は，あくまで子どもの母語発達の弊害とならない範囲で実施することが望ましいと考えられる。

　言語習得に関するこれまでの3章のまとめとして，最後にひとつの研究報告に触れておこう。この章の冒頭で見たように，バイリンガル児のそれぞれの言語の語彙数はモノリンガル児の語彙数と比べて少ない。このことは広く知られているものの，おそらく多くの人は，大人になるまでに時間をかければ，バイリンガル児もモノリンガル児と変わらない語彙数を持てると期待しているのではないか。じつは私もそう思っていたひとりである。しかし近年出された研究結果はこの期待を裏切るものだった。カナダでバイリンガル児として育った子どもとモノリンガル児として育った子どもの成人期の語彙数を比較した調査によると，大学生など，比較的若い成人（平均年齢24歳）では，バイリンガル児として育った人の語彙数は依然として少なかったのである（Bialystok et al. 2012）。つまり，成人になっても語彙数は追いつかなかったということになる。バイリンガルとして育つことの厳しさは確実に存在するということだろう。

しかし，この調査でわかったことがもうひとつある。興味深いことに，もっと年をとった成人どうし（平均年齢69歳）を比較したところ，バイリンガル者とモノリンガル者の語彙数ほとんど差がなかったというのだ。そして年をとった成人の語彙数は，どちらのグループも，若い成人よりも多かったという。この結果は，モノリンガルかバイリンガルかにかかわらず，中年以降でも語彙習得が効果的に行われていることと（臨界期はない），この時期に初めてバイリンガル児もモノリンガル児に追いつけるということを示している。外国語学習をあわてて始めることにはデメリットもあり，勧めないけれど，より長く続けることは声高に勧めたいと思っている。

9 | 語用論① ―言外の意味のコミュニケーション―

滝浦真人

《目標&ポイント》 語用論が何を対象として何を解明しようとするかを，まず大づかみに理解したい。とりわけ，語用論が言葉の「意味」よりもそれを発する人の「意図」を対象とすること，それゆえ，語用論は必ず「言外の意味」を扱うものであることを押さえる。その理論的支柱となったグライスの協調の原理と4つの原則についても正しく理解したい。
《キーワード》 意図，会話の含み，協調の原理，4つの原則，レトリック

1. 意味の伝え合い？

　本章からの3つの章では，「**語用論（pragmatics）**」と呼ばれる研究領域ないし方法論をめぐるトピックを取り上げる。始めるに当たって，"言葉を用いる論"と書く語用論は，"**人が言葉を用いて何を為すか？**"との問いを追求するということだけまず頭に置いてもらえたらと思う。語用論が成立してきた背景や経緯など理論的な側面については次章に回すことにして，この章ではまず，私たちの言語生活（コミュニケーション）のどんな側面が語用論の対象となるのかを，具体的な例を通して考えてみたい。あらかじめ1つ注意を喚起しておけば，以下の話には「意味」や「意図」という言葉が何度も出てくるが，それらは異なるものとして区別して用いられているので，そのつもりで読み進めてほしい。
　さて，大きな問いから始めたい。コミュニケーションにおける言語の

働きとは何だろう？ **意味を伝える**こと，という答えで間違っているわけではない。けれども，日々の営みを少し振り返ってみるだけで，私たちのコミュニケーションが，さも当たり前に見えるこの「意味を伝えること」とはどこか違うたくさんの言葉で彩られていることがわかる。

例えば，次の2人は何をしているだろうか？

(1) A：あ，○△さん，こんばんは。
　　B：ああ，△○さん，こんばんは。

あいさつに決まっているじゃないか，と言われるだろうが，ではこの人たちは何の「意味」を伝え合ったのだろうか？　「こんばんは」の意味は？と問うだけナンセンスとも思われるし，別のあいさつを見ても，例えば朝のあいさつ「おはよう」が"早い"という意味を伝えていると考えることはいかにも苦しい。「○△さん」など人を呼ぶことは「**呼称**」というが，呼称の意味？というのも，あるようなないような微妙さで，まことにとらえどころがない。

とはいえあいさつなどは，言語活動としては周辺的であって少し特殊な部類に属する，との考えもあるかもしれない。では，あいさつに続いてなされそうな，こんな他愛のない会話はどうだろう？

(2) A：いや，暑いですね。
　　B：a. ほんと暑いですね。
　　　　b. ほんと，ビールの量が増えちゃって（笑）。
　　　　c. あ，エアコンつけましょうか？
　　　　d. その上着を脱いだらどうですか？

こういう会話は「**世間話**」と呼ばれる。さて，「暑いですね」とかけられた言葉に対する応じ方として a～d の 4 つを挙げてみたが，この中で最も実質的な「意味を伝えている」のはどれだろうか。答えはおそらく d である。「暑い」と言った相手に「（ならば）その上着を脱いだら」いいではないかと言うのだから，この言葉にはしっかり意味が詰まっている。しかしどうだろう，もし本当にこのような言葉で返されたら，いきなりケンカでも売られているのか？と思い，そうでなさそうだとわかっても，それ以上話を続けるのはやめておこうかと思うだろう。つまり，d の返し方は一番ありそうにない（薦められない）[1]。

では一番ありそうなのはどれか。それは a だろう。「暑いですね」と言われたらさしあたり「暑いですね」と返す，それが普通の社交というものだからである。しかしこの a は，「意味」の点では最も希薄だと言わざるを得ない。なぜならこの言葉は相手の「暑いですね」をそのままなぞっただけで，わざわざそれを発することで何か新たに付け加えた「意味」というものがない。このように言うと，否，そうではなくて，同じ言葉で応じることで相手への共感を表しているのだと説明したくなるかもしれない。しかし，それならその共感を明確にして，「ええ，私も同感です」と言ったほうがよりよいコミュニケーションになるか？というと，残念ながら，この返し方もかなり奇妙である。もしそう言われたとしたら，いや，「暑い」ということについてそんなに何かを述べたかったわけではないのに…，というバツの悪さが残ってしまうだろう。そしてこのことは，この先の考えを進めていくための 1 つの手がかりとなる。すなわち，会話には，それほど実質的な「意味」を伝えたいわけではないものが（多々）あるということである。

では b や c はどうだろう。こんどは，「ビールの量」にせよ「エアコ

---

[1] ここでは立ち入らないが，もしこれが「です・ます」体ではない "タメ語" の会話だとしたら，「じゃ，その上着，脱げば？」も十分あり得る返し方になる。これは敬語体と非敬語体の違いに関係した違いであり，これまた語用論の対象となる。

ン」にせよ，新たな意味を付け加えているとは言える。しかし他方で，相手の言った「暑いですね」を起点に考えると，話がいきなり「ビール」や「エアコン」に行くのは飛躍があると言わなければならない。話の飛躍はよろしくないと学校などでは教わりそうだが，しかし現実のコミュニケーションでは，この手の飛躍は頻繁に起こる。bの場合なら，実際に発せられた2つの言葉の間に，

…→"たしかに暑い"→"暑いとビールが飲みたくなる"→それで…

という思考のプロセスがあって，それが省略されていると解釈することができる。つまり，飛躍といっても，**言外の意味**をたどっていけば行き着くことのできる飛躍だということになる。cもまた，そうした飛躍を含んでいる。この場合，「暑いですね」と言われた側が，言った側の「意図」を読んだ結果である。それはこんな思考プロセスになるだろう。

…→"なぜ言ったか？"→"涼しくなればいいとの意図？"→では…

bとの違いは，このcでは，相手の意図を汲んで何かを申し出るやり取りになっていることで，結果的に**"言葉が人を動かす力"**を（まだ潜在的とはいえ）発揮した点にある。この"人を動かす力"というのも，一般的に言葉の「意味」と考えられているものとは少し異質であると考えたくなる。それはむしろ，人の「**意図**」との関係で生じてくるものと言えるだろう。

ここまでの助走で，2つの手がかりを得ることができた。1つは「言外の意味」，もう1つは「意図」である。いま見た言葉はどれも，字面の「意味」はそもそも希薄であるか，あっても重要とは言えないものだった。しかし人はそうした言葉を無価値なものとは思っていない——例えばあいさつをしなければ，「あいさつがない」と言われて"心の乱れ"や人間性の問題にまでされてしまう。ということは，人はいつでも，言われたとおりの言葉の意味ではない何らかの"意味"を込めたり読み

取ったりしていることになろう．それらはどれも，言われたとおりでないという点において「言外の意味」と呼ぶのがふさわしいような何かのはずである．そして，その言外の意味を読み取りたいと思うならば，それを言った相手が何を思ってそれを言ったかということを考えなければならない．その言葉を言った相手が持っていた思いは，「意図」と呼ばれるものである．このような次第で，語用論は，**発せられた言葉の「言外の意味」**と，それが**発せられた「意図」を探ることになる**[2]．

2．会話の含みを推論する

「言外の」というくらいだから，人が何を言い，何を言わないかによって，あるいは，何かを言ったり言わなかったりすることで，何かを伝えることがあるか，あるとしたらそれは何か，ということが問題となる．抽象的な問いにするとわかりにくいが，具体的な言葉を見ればすぐに了解されよう．次の会話を見てほしい．

(3) A：ワインとチーズ買ってきてくれた？
　　B：ビール買ってきたよ．
　　A：え？なんで？！※

ここで考えてほしいのは，最初に質問した人はなぜ相手の答えに怒ることができるのか？ということである．問いは「ワインとチーズ」であり，それへの答えは「ビール」だった．答えは「ワインとチーズ」については何も述べていないから，「ワインとチーズ」については何もわからない，のではないのだろうか．ところが，人はしばしば，「ワインとチーズはどうしたの？」と聞く前に，「え？なんで？！」と怒りの反問をすることができる．

---

[2] 少し先回りをしておけば，先の(1)や(2)のような例は，言葉と対人関係にかかわるもので，第11章の後半で関連する事柄を取り上げるので，本章ではここまでに留めておく．

ではその人は，どのように言外の意味を感じ取ったのだろうか？　それは，

　　"問いに答えないことは問いを否定したも同然である"

という判断基準のようなものを適用した結果として，相手の返答を，「ワインとチーズは買ってこなかった」という否定的な答えとして受け取るというものである。こんな判断基準をどこかで教わったという人はいないだろう。それなのに人はいつのまにか，コミュニケーションの実践的な知恵として，こうした判断基準を身に付けている。こうした言外の意味のことを「**会話の含み**（または**推意**）；implicature」といい，語用論の最も大きな対象の1つである[3]。

　もう1つ例を見てみよう。こんな会話がどうして成り立つのか，考えてみてほしい。

　　(4) A：〔カップ麺を食べながら〕
　　　　これほんとうまいから，こんど食べてみなよ。
　　B：え？どうだろ。　カップ麺はカップ麺でしょ？
　　A：わかってないな～，「たぬたぬカップ」は「たぬたぬカップ」だって！

これを説明することはじつはとても難しい。この会話には「XはXだ」という形をした表現が2回出てくる。「X」という同じ言葉を繰り返すことになるため「トートロジー（**同語反復**；tautology）」と呼ばれるものだが，面白いことにここに出てくる2回のトートロジーは，解釈される「意味」が正反対である。「カップ麺はカップ麺でしょ」の方は，"所詮カップ麺のうまさなんて（たかが知れている）"という意味で受け取

3）会話の含みは，おそらくそうだろう，という推論の結果ではあっても，絶対にそうであるという必然的帰結ではない。だから，「え？なんで？！」と怒られてしまった人が後から，「いや，ワインとチーズもちゃんと買ってきたよ」などと言えば，先ほどの否定的な含みは取り消される（キャンセルされる）ことになる。

られるだろう。それに対し，反論に出てくる「『たぬたぬカップ』は『たぬたぬカップ』だって」の方は，"さすが「たぬたぬカップ」のうまさ（は格別だ）"と言っているものと受け取られる。ということは，前者では"所詮Ｘだから大同小異"というふうに差異や価値を否定する表現だったものが，後者では"さすがＸだから他とは違う"というふうに差異や価値を強調する表現になっている。そして困ったことに，この2つのトートロジーは，形の上では完全に同一であり，どちらの意味になるかを形から判断する手がかりはない。

見てのとおり，トートロジーは同じ言葉を反復するだけだから，それを言うことで付け加えられる新たな意味というものが原理的にない──だから「ＸはＸだ」という文はＸがどんなものであるかによらず，つねに真である（成り立つ）。そうすると，何も意味をもたらさないはずのトートロジーが，あるときは差異や価値を否定する表現として，またあるときはそれを強調する表現として，形の区別なく自在に使われていることになる。一体どうしてそんなことが可能なのか。

トートロジーの解釈はすべて言外の意味による。Ｘのところにどんな言葉が入るかによって，もしそこに何かの"類"全体に相当するものが入れば，類として押しなべて同じようなものだとの解釈になり，他方，その類の具体的な"メンバー"ないし例と考えられるものが入れば，そのメンバーの個性を主張しているとの解釈になりやすい，とおおむねまとめることができる[4]。

前節で，"人を動かす力"を持った言葉を見た。そうした例も1つ見

---

[4] ここでも注意してほしいのは，これらの解釈は，おそらくそうだろう，という推論の結果であって，何かの必然を述べているのではないということである。それゆえ，厳密には，Ｘに入る言葉を見ただけでは，どちらの意味のトートロジーであるかはわからない。例えば，おいしくないと言われている「カップきつね」という商品があったとして，「『カップきつね』は『カップきつね』だよ」と言う場合，それを1つの"類"として見て，いつ・どこで・どんな状況で食べてもやはりおいしくない，という差異・価値否定タイプの表現として使うこともまったく可能である。

ておきたい。例えば，何かしてくれるよう人に頼むことを「依頼」というが，それはまさに，依頼の言葉で人を動かして，こちらのために何かをしてもらうことにほかならない。ではそのようなことがいかにして可能なのだろうか？　人に何かを頼むときには，お願いの言い方というものがあるから，それを使っているだけのことではないか？と思うかもしれない。ところが，私たちは，お願いの言い方を使わずにお願いする，ということをじつは頻繁に行っている。例えば，次のように。

(5) A：〔食堂でお店の人に〕あの，ソースありますか？
　　B：〔ソースを渡しながら〕どうぞ。

　問いは「ソースありますか？」だから，お店の人は，ソースがあるかどうかを聞かれただけである。それなのに，「どうぞ」といきなりソースを渡してしまうのは，この人がせっかちだからだろうか。たぶんそうではない。その問いに続くであろうやり取りの中にヒントがある。それはおそらくこういうやり取りだろう。
　…→「ありますよ。」→「じゃあ，ください。」→「どうぞ。」
これを毎回繰り返してみれば早晩気がつくはずだが，何も「意図」がない人は，「ソースありますか？」などとは聞いたりしないものである。何か意図があるから「ソース」と言うのだろう。それは何か。言うまでもなく，その人は"ソースがほしい"に違いない。ひとたびそうわかってしまったなら，上のやり取りは必要だろうか。ソースがあるか？と聞いた時点で目的がわかるなら，間のやりとりは全部飛ばして，相手の意図に対して直接応える——つまりはソースを渡す——のが最も手っ取り早いことになる。それがいつしか慣習化した結果，(5)のようなやりとりが普通になされることになる。

聞かれただけでソースを渡すお店の人は，相手の質問に言外の意味，"ソースがほしい"という意図を読み取って，それに答えることさえ省いてソースの現物を渡すことができる。では，食堂において「…ありますか？」という問いはつねに"…がほしい"という意図の表明だろうか。もしそう考えてしまうと，少々早とちりの危険がある。次のやり取りはどうだろう。

　　(6) A：〔食堂でお店の人に〕あの，トンカツありますか？
　　　　B：〔注文を書き込みながら〕？はいトンカツ一丁。
　　　　　　（？の印は「やや不自然」の意味で付している）

この場合，いきなり「はいトンカツ一丁」はちょっと性急な感じを免れない。お客さんが慌てて，「あ，ちょっと待って，…」と待ったをかける可能性が結構あるだろう。(5)と(6)の違いは「ソース」が「トンカツ」に代わっただけなのだが，その違いは十分に重く，後者では，
　…→「ありますよ。」→「じゃあ，ください」→「はいトンカツ…」
というプロセスを省けない感じになる。原因は，ソースは無料だがトンカツは立派な値段がするということで，客は注文する前に確認したり検討したりするものだ，との想定を店の側でもするのが一般的だからだろう[5]。私たちは，**言外の意味についてかなり複雑な推論をしている**。

3.「協調の原理」と「4つの原則」

　具体例で十分なイメージを持ってもらえただろうか。わかってほしかったのは，コミュニケーションとは「意味の伝え合い」というよりも，**「意図を伝える／意図を読む」**プロセスとしての側面が大きいというこ

5）この場合もまた，別の可能性を排除しない。もし「トンカツ」が売り切れ必至の1日10食限定メニューだといった状況があれば，問いの言外の意味は，単純な質問ではなく「トンカツはまだあるか？」である可能性が高くなるため，間を飛ばして「はいトンカツね」と受けることは十分起こり得る。

と，そして「意図」とは往々にして会話の中で「含み（推意）」として込められ，推論によって解釈された言外の意味であるということだった。このことは語用論にとって最も重要な考え方の1つである。

では，こうした考え方がどのように提案されたのかを見ることにしよう。語用論の教科書で必ず登場する名前の1つが，第1章でも挙げたP.グライス（Paul Grice, 1913-1988）である。イギリスで生まれ，アメリカで活躍した言語哲学者で，私たちがコミュニケーションでやりとりしている「意味」とは何のことかを生涯考え抜いた。グライスの考えた筋道は，とてもユニークでありまた逆説的なものだった。ここまで具体例を先に見てきたので，通常教科書で採られるのとは逆の順序で説明することにしたい。

話し手の言葉を受けた聞き手は，相手の言葉を，相手との人間関係やその場の状況などと照らし合わせて，何か"過不足"がないかと考える。先の(3)の例がわかりやすいだろう。「ワインとチーズ買ってきてくれた？」と尋ねた人は，相手の言葉「ビール買ってきたよ」を自分の問いやそれまでに交わしたはずの言葉などと照らし合わせる。そうすると，否応なしに1つのことに気づく。

　　　ワイン＆チーズ？　→　ビール。

というやり取りは，噛み合っていない。相手は，こちらの問いに答える代わりに，聞かれていないことを答えている——不足と過剰がともにある。何かがおかしい。

ここで考えられる可能性はいろいろある。相手はこちらと真面目に話すつもりがないのかもしれない。相手はわざと関係ないことを言ってこちらを焦らそうとしているのかもしれない。相手はそもそもこちらの頼みが気に入らなくて，自分の好きなものを勝手に買ってきたのかもしれない。こうした場合，コミュニケーションの相手としてそもそもふさわ

しくなかったとか，2人の関係が一時的に揺らいでいるといったことになろう。しかし一方，相手の様子に特におかしなことはなく，普通どおりに話そうとしているように思えたとして，それでなお(3)のように言うのはなぜか？と考える場合もあるだろう。グライスはこの場合を最も重要だと考えた。聞き手はここで，次のような推論を始めることになる。

　相手の答えはこちらの問いに対する答えになっていない
　→しかし相手はコミュニケーションをしようとはしている
　→何か答えたくない事情を暗に伝えたいのだろうか？
　→だとすれば，頼まれたことを忘れていたのだろうか？

相手の言葉に文脈との関係や文字どおりの情報量などの点で何か"過不足"があることについて，話し手はあえて聞き手の推論を誘うことで，そうした"過不足"の背後にある言外のメッセージを察してもらおうとするのではないかとグライスは考えた。

　いま"過不足"と書いたが，過剰にせよ不足にせよ，そういうことが言えるためには，このくらいが"ちょうど"だと期待される基準のようなものがなければならない。話し手も聞き手も共有しているそうした暗黙の想定があれば，話し手はそこから故意の"逸脱"をすることができ，聞き手もそれを検知して逸脱の背後にある意図を"逆算"することができる。ならば，私たちのコミュニケーションには，何かしらそういう原理のようなものが働いていると考えなければならない。そうしてグライスが考えたのが，最上位の規定である**協調の原理（Cooperative Principle）**とそれを一段具体化した4つの**「原則（maxims）」**である。まず，「協調の原理」が次のように規定される。

　　会話者が（他に事情がないなら）遵守するものと期待される大まかな一般原理，すなわち，会話に対する貢献を，自分が参加している

会話のやりとりの一致した目的や方向性に照らして，その時々の局面において求められているようなものにすること

(Grice 1989: 26 [グライス 1998: 37])

固い言葉に怯(ひる)んでしまうかもしれないが，言われていることは，上で，話し手と聞き手が共有している暗黙の想定と書いたことと，このくらいが"ちょうど"だと期待される基準のようなものと書いたことに相当する。あらためて考えれば，ごく当たり前のことを言っているとさえ見える。ただし，グライスがこの原理を，人は必ずこのようにしているとか，このようにするべきであるといった意味で立てているわけではないことに注意してほしい。この原理にも次に見る原則にも，そうした規範的な意味合いはまったくない。グライスが言っているのは，このような想定がある（と考える）ことによって，人は安心して会話に参加し，ときにそこから逸脱して含み（推意）を伝え，また相手の含みを解釈することができるということである。

　協調の原理の下には，哲学者のカントにならって立てられた，より具体的な4つの原則が置かれた（同：26-27［同：37-39参照］）。

量（Quantity）：　発言には必要なだけの情報量をもたせるようにし，必要以上の情報量はもたせない。
質（Quality）：　発言は真なるものとなるようにし，誤っていると思うことや根拠のないことは言わない。
関係（Relation）：　関連性があるようにする。
様態（Manner）：　明瞭に話す，すなわち，曖昧さや多義性を避け，簡潔に順序立てて話すようにする。

量の原則はまさに"ちょうど"の情報量ということを言っている。裏返しにいえば，文脈に照らして，情報量が少なすぎても多すぎても聞き手に含みを解釈されやすい。先の例(3)はこの原則から逸脱していたし，例(4)のトートロジーもまた，情報量が足りないことから，含みの解釈を誘発するタイプの表現と言える。質の原則は，簡単にいえば，"嘘を言わない"という原則である。当たり前と思うかもしれないが，もしこの原則を忠実に守るなら，人間関係は大変なことになって立ち行かない。あまり好きではない人から何かに誘われたなら，言下に「あなたのことを好きではない」からと言って断るしかないし，瀕死の病人を前に「今晩あたりが山でしょう」と言ってしまうことになる。つまり，私たちはそうしたときに"優しい嘘（white lie）"をたくさんつきながら暮らしている。その最大の動機は対人配慮（ポライトネス）である。

　残りの２つも，さも当たり前と見える規定である。関係の原則だが，もし文脈に関係のないことばかり話したら，相手は何の話かわからずコミュニケーションは滞ってしまうだろう。しかし逆に，もし関係ない話を一切しないとすると，その会話はとても息苦しいものになってしまう。私たちはしばしば「冗談」を言うし，仲の良い関係であれば，ふざけ合うようなこともする。しかしそうした言葉はたいてい文脈からの"脱線"を含んでいて，脱線しながら微妙に関係してくるところで笑いが生じる。関係のあることしか言わないとしたら，冗談も一切言えなくなってしまう。あるいはまた，会話の中で答えにくい質問をされたときなど，さりげなく話を変えるといったことを人はよくするだろう。それもまた，この原則からの逸脱である。

　様態の原則は，端的に，"わかりやすく話す"ということである。とりたてて逸脱することもないと思われるかもしれないが，そんなことはない。人はとてもよく，わざとわかりにくくした話し方をする。１つの

典型は「**二重否定**」で，否定の否定が肯定ならはじめから肯定で言えばいいものを，あえて回りくどく二重否定で表す。また，私たちがもし，この原則に忠実に従わなければならないとすると，「ねえねえ，何があったと思う？！」などとは決して言えない。やはりコミュニケーションは生真面目で息苦しいものとなってしまうだろう。

このように，協調の原理も4つの原則も，まるでそれを守るのがよいと言っている規範であるかのように見えて，じつはまったくそうではない。思い切った言い方をすれば，そこからの逸脱を前提に置かれた想定と考えたほうがよい。それほど私たちのコミュニケーションは，そこからの逸脱に満ちており，それを利用して人々はしきりに含みのコミュニケーションをしている。そうすると，そこから1つ，必ず浮かんできそうな問いがある。それは，「何のために人は協調の原理や原則から逸脱するのか？」ということで，言い換えれば，**原則からの逸脱**にはどんな**動機**があるか？という問いである。グライスはその最大の動機を，いわゆる**レトリック（修辞的表現）**に見た。

レトリックの語用論

レトリックとは，通常の説明的な言い方にはない何らかの表現技法を用いることで，通常の言い方よりもより強く受け手の記憶に残ったり，受け手の関心をより強く惹いたりする表現である。詩や小説など芸術的な文章でよく用いられるが，日常のコミュニケーションでもじつは盛んに用いられている。4つの原則に対応させる形で，例を挙げておこう。量の原則違反の例としては，先に見た「トートロジー」のほか，同じような意味の言葉を無駄に重ねることで強調する「**冗語法**」などがある——同じような意味の言葉を重ねても情報量は増えない。質の原則違反としては，事実を反転させて言う「**皮肉（irony）**」が典型例であり，程

度の軽い違反としては，事実よりもわざと大げさに言う「**誇張法**」などの例がある。関係の原則違反の例としては，「**比喩（metaphor）**」が代表的である。なお，グライス自身は比喩を，本当ではないことを言っているものとして質の原則違反と見たが，コミュニケーションにおける比喩の働きからすると，文脈に突然関係ないことが持ち込まれたかに見えて，推論によって関係を回復することができる例であると考えたい[6]。最後の様態の原則違反としては，そのまま言葉にすることを控えてわざと回りくどく言い換える「**婉曲語法**」が典型例である。

以下に例を追加しておく。

量の原則からの逸脱

・トートロジー
　(7) ああ，ロミオ，ロミオ，どうしてあなたはロミオなの？
　　　　　　　　　　　　　　　（シェイクスピア『ロミオとジュリエット』）
・冗語法
　(8) 青い青空をむさぼり求める熱っぽい唇　　（マラルメ「窓」）

質の原則からの逸脱

・皮肉（irony）
　(9)〔いつも大事なところで頼りにならない友だちに〕ほんとお前って最高の友だちだよ！
・誇張法
　(10) 地球の裏側まで届くような大声で彼は言った。

関係の原則からの逸脱

・比喩
　(11) 私，あなたのしゃべり方すごく好きよ。きれいに壁土を塗ってるみたいで。　　　　（村上春樹『ノルウェイの森』）

---

6) 比喩がそうであるように，逸脱している原則の種類は1つに限らず，複数の原則にまたがる例が珍しくない。

様態の原則からの逸脱

・婉曲語法

(12) 〔死んだ人について〕彼はとても遠いところへ行ってしまい，彼との約束はしばらく果たせそうにない。

　これらの例から感じられるように，レトリック表現はわざと普通でない言い方をするから，そのことによって受け手は解釈の労力を余計に使うことになる。しかしそれでレトリックに込められた含みがわかったとき，それは通常の言い方よりも強い印象の言葉として刻まれることになる。そこが人を惹きつけるレトリックの魅力だと言うことができる。

　原則からの逸脱のもう1つ大きな動機は，上でも少し触れた**対人配慮（ポライトネス）**である。相手が不愉快になったり大きすぎる衝撃を受けたりせずに言葉を受け取れるようにといった配慮から，人は故意に原則から逸脱して，含みのメッセージを伝えようとする。コミュニケーションにとって人間関係はきわめて大事だから，対人配慮の問題も語用論にとって重要なトピックとなる（第11章であらためて取り上げる）。

引用文献

Grice, P. (1989) *Studies in the Way of Words*. Cambridge, MA: Harvard University Press.［邦訳：P. グライス〔清塚邦彦訳〕(1998)『論理と会話』東京：勁草書房］

参考文献

Yule, G. (1996) *Pragmatics*. (Oxford Introduction to Language Study) Oxford University Press.

10 | 語用論② ―意味論から語用論へ―

滝浦真人

《目標＆ポイント》 語用論が意味論から分かれる形で登場した経緯を見ることで，語用論の理論的特徴を理解したい。語用論が，発話する「人」を取り込んだということの意味を，具体的な学問的展開の中で考える。特に，文脈を読み込むことに関わる問題と，言葉によって行為するという側面に焦点を当てる。

《キーワード》 意味論，発話者の意味，ダイクシス，前提，言語行為

1. 発話する「人」

　前章では，語用論の大きな対象が「言外の意味」や人の「意図」であることを，様々な具体例を通して眺めた。この章ではそのことを少し理論的な面から考えたい。旧言語学でこれらのトピックに関わりが深いのは「意味」を扱う「意味論」である。意味論は何を目指したのか（目指さなかったのか）。意味論で扱われない何が必要だと考えられたのか。それをするとは具体的に何をすることなのか？　以下，語用論の展開に沿いながら見てゆく。

　意味を扱う伝統的言語学の分野は「**意味論（semantics）**」と呼ばれる。意味論は，語の形（音や表記）とそれが表すもの（すなわち意味）との結びつきを探求する。例えば，「すっきり」と「さっぱり」の意味はどう違うか，自然現象の"雨"や"雪"を諸言語が何種類の事象として捉えるか（分節するか），「太陽」と「お日様」はどういう意味の位相において了解されるか，といったことを説明しようとする。これらはそ

れぞれ，ある語の表す意味が他の語とどんな境界線で区別されるか，ある対象の範囲を表す語彙の区分が言語ごとにどう異なるか，あるいはまた，同一の対象を指す語が複数あるとき，それらがどのような質の意味の相違と対応しているか，といった問いの例となる。

　意味論はこうして，語の形と意味の関係を，ときに意味の支えとなる対象物まで取り込みながら探求する。ここで一つのことを考えたい。

　　（ⅰ）　ある語があり，その語が何かを意味しているというとき，
　　　　「**意味する**」ことをしているのは，語だろうか，それとも語を発する人だろうか。

この問いに対して伝統的意味論は，「語である」と答える。同時に，この答えは，「人である」という答えを排除する。たしかに，「すっきり」と「さっぱり」の違い，雨や雪の分類，「太陽」と「お日様」の違いの説明に「語を発する人」が登場する余地はなさそうに見える。

　実はこの点が，「意味論」と「語用論」を分ける境界となる。語用論は，**語を発する「人」**を不可欠の要素として取り込む。さらに言えば，「認知言語学」も「社会言語学」や「談話分析」も，「言語習得」は言うまでもなく，新しい言語学は多かれ少なかれ，「話し手」や「聞き手」といった「人」を取り込んだ議論をしようとする。ではなぜ「人」を取り込むのか？　私たちがコミュニケーションにおいてしていることは，百科事典を作るような営み──それは世界を記録するような営みだろう──とは大きく異なっており，人はある**意図を伝えたり理解するために**──それは人と人を結びつける──言葉のやり取りをしている。新しい言語学は，そうした人と人の間で営まれる言語活動を説明したいと考えるからである。

発話の意味と発話者の意味

「お日様」を例に考えてみよう。百科事典の項目として「お日様」を立てることも可能である。その場合「お日様」は，指示対象が「太陽」または「陽光」であるが，物理的な対象としてよりも，敬称「お…様」に表れるとおり，「生きとし生けるものに根源的なエネルギーを与える恵みの主という位相で捉えるものであり…」云々，といった記述となろう。「お日様」という言葉づらは十分人間味を感じさせるものであるとしても，こうした記述のうちに語を発する「人」は出てこない。

一方，「お日様」という言葉が使われるのは，必ず**具体的な現実のコミュニケーション場面**の中である。例えば，次のような文かもしれない。

(1) お日様が出てきた。

この文のいわゆる「意味」は，

(1') お日様という位相で捉えられた太陽が，それまで雲に隠れて見えなかった状態から，遮られずに見える状態になり，陽光が差し始めた。

といったことになるだろう。しかし，これだけのことなら事典の記述と大差なく，「人」を取り沙汰するほどのこともない。では何が問題かというと，誰かが (1) の文を発し，それを受け取った人が (1') の意味で了解して満足できることはむしろ稀ではないか？ということである。

容易に内省できることだが，自分が聞き手の立場だとして，(1) の文を聞いたときに考えることは，**話し手はなぜそう言ったのか？**ということである。(1') の意味に最も近いような場合を考えるとしても，聞き

手の「なぜ？」の答えは，例えば，

(1'') これまでの天気では期待できなかったことが，陽光が差し始めたことで状況に変化が生じるかもしれない。

といったものとなるだろう。そこに具体的にあり得そうな状況を当てはめてみると，"気持ちのいい／暖かい日になるかもしれない"といった期待感を読み取ることができるかもしれないし，何か行動にかかわる事柄なら，"じゃあ洗濯物が干せるかもしれない"，"当初の計画どおり買い物に出かけようか"，あるいはまた，"明日は雨だから無理って言っていたけど違ったじゃないか"，等々，いくらでも**文脈次第の多様なニュアンス**を読み取ることができる。前章で導入した話し手の「意図」とはこうしたニュアンスのことである。

これで，意味論と語用論の扱う対象を，少し厳密な用語を使って整理することができる。話し手が実際に口にした言葉のことを「**発話（utterance）**」という。意味論は，具体的なコミュニケーション場面を考えない語や文を扱ったり，(1)のような発話と(1')のような意味の関係を扱う。(1')のような意味のことを「**発話の意味**」と呼ぼう。一方，語用論は，(1')の背後にあって話し手が聞き手に伝えたかった(1'')のような意図を扱おうとする。(1'')も意味であることには違いないので，そちらは「**発話者の意味**」と呼ぼう。これを次の（ii）のようにまとめよう（一部英語を添える）。

(ii) 意味論は，語や文の意味，ないし発話の意味（what an utterance means［発話が何を意味するか］）を扱う。

語用論は，発話者の意味（what a speaker means［発話者が何を

意味するか]），つまり意図を扱う。

　そうすると，語用論の課題は，発話者の意味とは何か，そしてそれはどのように捉えられるか，と要約できることになる。以下それを，説明してみたい。

2. 文脈を読み込む

"いま・ここ"との関係

　話し手の発話を受け取った聞き手は，（1'）のような発話の意味から，どうやって（1''）他のような多様な発話者の意味にたどり着くことができるのだろう。話し手が必ず考慮し計算して発話し，聞き手も必ず参照して解釈する要素がある。それは，**文脈**である。聞き手と話し手は，話し言葉であれば"**いま・ここ**"という**時間と場所**を共有しており，話し手の発話は"いま・ここ"と何らかの関係を持ち得る。また，2人がいま初めて会って話をしているのでなければ，話し手の発話は彼らがそれまでに交わした会話や共にした行いに関係している可能性がある。そうした時空や言語や記憶に関する背景的要素が「**文脈（context）**」である。

　聞き手は，発話から最も妥当そうに思える話し手の意味を引き出せそうな文脈を探す。日が差し始めて湿気が軽くなったことが感じられたとしたら，"気持ちのいい日…"の解釈を試みるかもしれないし，あるいは，雨が降っていた朝方に，「今日は一日じめっとしてるのかな？」「これじゃあ洗濯物乾かないね」「今日は外遊び無理だね」といった会話をしていたなら，それぞれに状況の変化と可能性の変化が生じるとの解釈に至るかもしれない。こうした，聞き手がたどる解釈のプロセスのことを「**推論（inference）**」と呼ぶ。

　文脈の中でなされる推論を左右することが知られている要因を2つ見

ておこう。1つは「ダイクシス」(意味は下で説明する)、もう1つは「前提」である。例えば次の文は、ある人間関係を前提にしなければあり得ない。

(2) さっきのあの人、前にあの会で一緒にあれした人だよね？

この短い一文に、「あの」「あの」「あれ」という具合にいわゆる「コソア」の指示詞が3回も用いられている。この手の文は、**"わかる人にしかわからない"** 典型の1つと言える。ア系の指示詞は、聞き手と共有している"いま・ここ"でない記憶を参照せよ、との用法を持つので、話し手と聞き手は多くの経験を共有している人間関係——つまりは親しい関係——にある可能性が高い。もし初対面の人に内容を伝えたいと思うなら、

(2') さっき私があいさつした人は、以前招待されたある結婚式で一緒にテーブルを囲んだ人だったんです。

とでもいった具合に説明的に言わないと伝わらない。これらのことを聞き手の側から見ると、もし話し手がア系の指示詞を多用してきたなら、話し手は自分と共有しているものの多さに訴えかけている、との推論を導くことになろう。

　空間内での前後関係を示す語や、人間関係を表す語で、"いま・ここ・自分"をはじめとする、文脈を参照しないと具体的な意味が決まらないものがあり、それらを「**ダイクシス (deixis；直示)**」と呼ぶ。ダイクシスには、「いま、さっき、あとで；今日、昨日、明日；etc.」といった**時間**のダイクシスと、「これ、この／それ、その／あれ、あの」

などの指示詞「コソア」や，英語なら'this, that'のような**場所**のダイクシスと，「わたし，あなた，彼」のような**人**のダイクシスなどがある。

　ダイクシスは，解釈に文脈情報がつねに必須である点で，それ自体語用論的と言えるが，**話し手の選択が語用論的**であることもある。

　（3）　A：〆切，29日だっけ？
　　　　B：ていうか，あしただけど？

この会話で，Aの言った「29日」は絶対的な日付の指示（reference）である。それに対してBは，「そうだね」という答えをすることも可能な状況で，それがカレンダー上で日付を指定するよりも，"いま"から見た翌日であることを述べる方を選んだ。つまりBは，〆切は「あした」であって，悠長なことを言っている暇はないという"発話者の意味"を伝えようとしたことになる[1]。

前提が語る

　ダイクシスに限らず，話し手がある語を選んだ時点で，**"言わない多くの事柄"**を決めることになる。上の（3）でAは「〆切」と言ったが，何の〆切を問題にしているかは言っていない。Aはここで，提出したり応募したりする文書などには「〆切」という期限が設定されているものだという社会的な知識に訴えることで，提出書類や応募書類についての話であること自体は言及しないことを選択した。それを言わなくとも特定できる（と考える）ほどに多くの文脈を共有している聞き手との人間関係に訴えることで，そうすることを選択したのだとも言える。語用論では，こうした言われない事柄をめぐっても，様々な考察がなされて

---

[1]　ダイクシスだけが語用論的だという意味ではないので注意されたい。（3）とは逆に，ダイクシスで答えてよい文脈であえて絶対的な指示表現を選ぶことで，何らかの語用論的ニュアンスを伝えようとするケースも容易に思い描くことができる。

きた。
　もう1つ例を見よう。

　(4) おとといまった会ったとき，髪長かったよね？

という質問に対して通常期待される答えはイエスかノーである。しかしもし，(4) に対する答えが「えっ？　おとといなんて会ってないじゃん。」だったとしたらどうだろう。その場合，(4) は適切に解釈されることのできない発話だったことになる[2]。原因は「おととい会ったとき」の部分にある。一般に，「…とき」という形式は，「…」の部分が既定の事実であるか，事実そうなった場合を想定して用いられる。したがって，(4) の発話をする人は，「おととい会った」ことを事実であると考えていることになる。別の言い方をするなら，(4) の発話が適切であるためには，「おととい会った」ことが事実であることが必要である。このような，ある発話が適切であるためにあらかじめ満たされていると考えられる条件のことを「**前提（presupposition）**」という。先の「〆切」なら，「それは提出や応募に関わる何かである」というのが前提である。

　前提は，形式面でも内容面でもいくつかの種類を区別することができる。「〆切」はその単語の意味による前提だったが，「…とき」は単語というより**ある構文（時を表す構文）の使用**による前提だった。これは形式面での区別である。内容面では，それが事実であることを前提とするというタイプ（**事実性の前提**）や，反対に，それが事実でないことを前提とするタイプ（**反事実性の前提**）がある。前者の例としては，「…とき」の構文のほか，「誰／いつ／なぜ」などいわゆる**疑問詞を用いた疑**

2）語用論では，ある発話がまともな意味で解釈できるかどうかを問題とし，それを「**適切／不適切（appropriate/inappropriate）**」という言葉で表す。文などが文法的に成り立っているか否かとは異なる基準なので注意が必要である（後者は「**適格／不適格［well-formed/ill-formed］**」という）。

問文や,「後悔する」のような語彙がある。反事実性の前提としては,英語の**仮定法**などが典型と言えるが,日本語に仮定法はない。語彙の例としては,「ふりをする」「(を)騙(かた)る」などがある。

前提に関して知られている特徴として,「**否定における不変性（constancy under negation）**」がある。それは,ある文（より厳密には命題という）が否定によって打ち消されたとしても,そこに含まれていた前提は取り消されないというものである。例えば,この前会ったときには髪の長かったクラスメートがショートヘアで現れて,びっくりした話し手が先の (4) のように言ったとする。それに対してクラスメートが,

(4') おととい会ったときは,もう短かったよ。その前の月曜のときは,まだ長かったけど。

と答えるとしよう。(4') の前半は,「長かった」が「短かった」になっているので,実質的に (4) の否定である。しかしこのとき,(4) の前提だった「おととい会った」の部分は,(4') でも否定されていない。つまり,(4) の前提は,それを否定した文である (4') においても保存されている。

3. 人は言葉で何を為すか？

命題に収まらないもの

説明の中に「命題」という言葉が何度か出てきていた。「**命題（proposition）**」とは,「PはQである」や「PならばQである」という形をした文のことで,PやQが成り立ったり成り立たなかったりするときに——これを「**真**」や「**偽**」と呼ぶ——,命題全体が成り立つかどうか——これを命題の「**真理値**」という——を調べるといったことが行われ

た。文の意味論も，この命題を対象としていた。

　ところが，研究が進展するにつれて，**命題の意味論**は，「人」が関わらない世界のことは取り扱えても，「人」に関わる領域に入ってくるとうまく機能しないことがわかってきた。例えば，次の文は命題の形をしているが，真偽を決めることができるだろうか？

　（5）えりちゃんは美人だ。

「美人」かどうかというのは主観的な判断であり，そうだと言う人もいれば，そうではないと思う人もいるような事柄である。定義が決まれば真偽も決まるのではないか，と考える人もいるだろう。しかし，人が「美人」という言葉を使うときに何かの定義によっているわけではない以上，決めた定義が虚しくなるだけである。つまり，美醜や善悪や好悪のような**主観的判断は「真／偽」の基準になじまない**と言うしかない。

　次の例もどうだろう。無理やり命題の形に収めることは可能だが，他人の抱く感覚について真偽を語ることができるだろうか。

　（6）えりちゃんはスパゲティ・ナポリタンが食べたい。

本人がそう認めているならいいではないかとの意見もあるかもしれない。しかし，それならば命題は，「…と言っている」まで含まなければいけない。**他人の感覚を直接知ることはできない**のではないか。他人といえば，私たちの言語活動はかなりの割合を他人との様々なやりとりに当てている。そして，そうしたやりとりは，いわゆる情報の伝え合いだけではなく，いうなれば"力"のやりとりとしての側面をもつ。

(7) コンビニでスパゲティ・ナポリタン買ってきてくれない？

この (8) を命題の形にすることは無理である。これは，この発話自体が相手に対するお願いになっているという意味で，〈依頼〉の発話と呼ばれるだろう。これについて，依頼をしたかどうかの「真偽」を問うことはできるが，それは依頼内容そのものの「真偽」を問うことではない。

このようにして，そもそも私たちが**コミュニケーションの中でやりとりしている「意味」とは何か**，という問いが，どんどん大きくなっていった。「意味」と格闘した人々の中から，その後の展開に決定的な影響を与えた流れが生じた。その1つである「**発話行為論（ないし言語行為論）**」について，最後に取り上げることにしたい。

人は言葉で行為する

どちらの流れも，イギリスのオックスフォードに源流がある。まず，オックスフォード大学の教授を務めたJ.L.オースティンの *How to Do Things with Words.* という本（講義録）が，1962年に刊行された（自身は '60年に死去）。直訳すると「言葉で事を為すには」といった意味になることからもわかるように，この中で論じられた言葉の「意味」は，「PはQである」式の命題のそれとは大きく異なるものだった。

オースティンはまず，発話が大きく2つの種類に分けられると言う。1つは「**事実確認的（constative）**」な発話で，命題に相当すると考えてよく，機能としては，事態を記述したり報告したり確認するのに用いられる。もう1つの種類は「**遂行的（performative）**」な発話である。これは，**その文を述べることがすなわち行為の遂行そのものであるような発話**だと言われる。述べることがすなわち行為することであるような発話とは，どのようなものだろうか。オースティンは次のような例を挙

げる（Austin, 1962, p.5）。

(8) a.（結婚式において，彼女を妻とするか，と問われて）します（I do.）。
b.（進水式において）この船を「エリザベス号」と命名する（I name ...）。

これらの文は，ある条件下において発せられたとき，発話をすることがそのまま**誓約**となり**命名**行為となる。このほかにも，裁判における**判決**の言い渡し（例「被告人を懲役15年の刑に処する」）や，**開会**の宣言（例「只今より卒業式を挙行致します」）といったケースを挙げることができる。言うまでもなく，これらの発話の「真偽」を語ることはできない。

　オースティンが次にしたのは，こうした**遂行的発話が適切でなくなるような条件**，すなわち**不適切性**（infelicities）の原則を明らかにすることだった。(A) その行為の遂行に関する慣習的な手続きが存在し，それに適合していなければならないこと，(B) その手続きが正しく，完全に行われなければならないこと，(C) 話し手はその手続きに対応した思考や感情を実際にもって行為しなければならないこと，という条件が導かれ（同，pp.14-15），それと対応させる形で，より日常的なコミュニケーションにおける遂行的動詞，例えば，congratulate（祝福する），advise（忠告する），promise（約束する），bet（賭ける）といった語が適切に機能するための条件が考察された。

　儀式的な遂行発話をモデルとして出発し，そこから日常のコミュニケーションを解明しようとしたオースティンの道を拡張して全面展開したのが，アメリカの言語哲学者サールだった。サールは，発話＝行為と

なる場合を集め，それらをアメリカン・フットボールや野球の「ルール・ブック」の記述と同じように[3]，各々の行為を成り立たせる（**構成的な；constitutive**）**規則**の束として記述することを試みた。〈約束〉〈依頼〉〈質問〉〈感謝〉といった**言語行為**（スピーチアクト；speach act）の構成規則が分析された（Searle, 1969, ch.3）。例として，〈約束〉の構成規則を簡略化して掲げる（サールが命名した規則名も後ろに挙げておく）。

(ⅲ)　サールにおける〈約束〉の構成規則
　・話し手が行う将来の行為である（命題内容規則）
　・自然に生じることが見込めない事象である（事前規則）
　・相手はそれが遂行される方を好む（事前規則）
　・話し手は実際にそれを遂行しようとする（誠実性規則）
　・話し手はそれによって行為の義務を負う（本質規則）

"一文語用論"の限界

　こうして，日常のコミュニケーションでやりとりされる「意味」のある大きな部分が**発話＝行為**という観点から捉えられたことは，発話する「人」を取り込もうとする語用論にとって画期的な成果であった。そして，様々な言語行為に精緻な記述が与えられ，それによってコミュニケーションの分析が進むかに思われた。だが，その後の語用論の展開は，必ずしもそうはなっていない。なぜだろうか。それは，アメフトや野球がルール・ブックに基づいて行われるのは確かだが，かといってルー

---

3) 例えば，アメフトにおいて，味方の選手が敵陣エンドゾーンまでボールを運べば，「タッチダウン」が成立し，6点を獲得する。敵陣エンドゾーンまでボールを運ぶには，ランナーがボールを持って敵陣エンドゾーンに入るか，敵陣エンドゾーン内で味方からのパスを捕球するかの方法がある。タッチダウンが成立すると，1ないし2点を賭けたプレーの権利が与えられる。このように規定される「規則」が，"…しなければならない"という意味での規則とは異なることに注意されたい。

ル・ブックがアメフトや野球であるわけではなく，アメフトや野球は実際にアメフトや野球をすることだ，ということと似た事情である。人は様々な言語行為をするが，人はそれを1つの遂行文で突然行うのではなく，長くて複雑な**発話のシークエンス（連鎖）**の中でする。

〈依頼〉を例に考えるなら，相手に何かを頼もうとする人は，まず相手がいま忙しくないかを尋ね，自分側の事情を述べ，その発話シークエンスが〈依頼〉の方に向いていることを仄めかしながら，それこそサールの構成規則のカードを1枚ずつ並べていくように進めてゆく。相手は，それを依頼であると察知し，かつ応じてもよいと判断したなら，先回りして依頼を応諾するかもしれない。あるいは，断わりたいと思ったなら，どこかの段階で，依頼本体ではない理由で——例えば，忙しくて時間がない，それについての十分な能力がない，etc.——断わるだろう。

そうした事情を反映して，しばしば**言語行為は遂行文自体が発せられる前に成立する**ことが多い。

(9) A：いま，ちょっと時間ある？　パソコンで困っちゃって。
　　B：何？　いいよ。

ここで聞き手は，話し手がまだ用件を言い終えていないのに応諾している。また，いわゆる依頼形の文による遂行的発話は，次のように，依頼というよりも正当な権利や事情が明白な場合などに用いられる。

(10) ビッグマック1つください。（注文品と個数の"丁寧な指定"？）
(11) 鉛筆貸してもらえますか？（窓口で用紙記入のために）

一方，通常の依頼シークエンスにおいて，遂行文自体は依頼過程が順調

でない場合の確認や，依頼の成立後に用いられることが多い。

(12)いや，だからお願いしてるんですけど。
(13)じゃあ，すいませんけど，お願いしますね。

　オースティンの儀式的な遂行発話は，特定の場所や特定の資格を持った発話者や決められた日時など，制度的な文脈が整ってはじめて成立する。いうなれば，他の条件がすべて整っている状態で，最後の一言，例えば「被告人を懲役15年の刑に処する」が発せられれば行為が完成するというような意味で「遂行的」と言うべきものだった（飯野，2007，pp.64, 67）。遂行的発話1つで事足りるかに錯覚されるのはそのためである。そう考えれば，儀式的な発話はそもそも日常の言語活動モデルにふさわしいとは言えなかっただろう。
　発話行為論は，コミュニケーションが命題的意味の伝達だけではないことを決定的に知らしめた点で，非常に大きな貢献だった。反面それは，言語行為があたかも遂行文1文で遂行されるかのような錯覚をもたらした。そうした次第で，現在では，言語行為（スピーチアクト）を研究する場合，文の単位（"一文語用論"）ではなく，あるまとまりをもった会話などの談話（discourse）を単位として行われるのが普通になっている。そうした流れは，第12章で取り上げる「談話分析」に連なってゆく。

引用文献

Austin, J.L.(1975［1962］) *How to Do Things with Words*. 2nd ed., Harvard University Press.（J・L・オースティン〔坂本百大訳〕1978『言語と行為』大修館書店）

Searle, J. R.(1969) *Speech Acts:An Essay in the Philosophy of Language*. Cambridge University Press.（J・R・サール〔坂本百大・土屋俊訳〕1986『言語行為—言語哲学への試論—』勁草書房）

飯野勝己（2007）『言語行為と発話解釈—コミュニケーションの哲学に向けて』勁草書房

参考文献

Yule, G.(1996) *Pragmatics*.（Oxford Introduction to Language Study）Oxford University Press.

Allott, N.（今井邦彦監訳，岡田聡宏・井門亨・松崎由貴・古牧久典訳）（2014）『語用論キーターム事典』開拓社

加藤重広（2004）『日本語語用論のしくみ』（町田健編・日本語のしくみを探る6）研究社

11 | 語用論③ —日本語の語用論—

滝浦真人

《目標＆ポイント》 日本語で日々生活することに，語用論はどのように関わっているだろうか。具体的な例を通して，日本語における語用論的問題を眺めたい。助動詞「た」の使い方に現れる様々な語用論的側面を見た後，対人配慮（ポライトネス）の語用論を，敬語 対 タメ語の機能差などにも触れながら考える。
《キーワード》 「た」，効率と配慮，言葉の遠近，敬語 対 タメ語

1.「た」の語用論

　前の2つの章では，どの言語にも多かれ少なかれ当てはまる語用論の考え方や現象を見てきた。ここでは，語用論の最後の章として，私たちが日々使っている日本語という言語に焦点を当てて，日本語に語用論と関わりの深いどのような要素があるか，また，その使い方のどのような側面が"語用論的"であるか，を考えたい。前半では，一般に文法的な要素と考えられているものを私たちがとても語用論的に使っていることを，**助動詞**の「た」を例に見る。後半では，人が言葉を語用論的に使う大きな動機である対人的な配慮を取り上げ，私たちが言葉で配慮をどのように表しているかを見るとしよう。対人関係専用の表現形式である**敬語**の働きにも触れることにする。

　動詞の後ろに付く「た」は，品詞としては助動詞で，〈過去〉の意味を表したいときに使われる重要な要素である。しかし同時に，「た」はほかに多くの意味をもっているため，〈過去〉と紛らわしいいろいろな

「た」がある。さて，そうした"〈過去〉でない「た」"が使える場面では，「た」を使わない言い方も可能であることが多い。そうすると，そこでどちらの形を使うかは，その人がどんな気分で言うのかによることになる。

まずは例を見てほしい。

(1) 〔バスを待っている停留所でバスの来る方を見ながら〕
　　a. あ，バス来た！
　　b. あ，バス来る！

aの「た」は〈過去〉ではない——なぜならバスはまだ来ていないから。この「た」は〈発見〉の「た」と呼ばれ，何かに気づいたことを表すときに使われる。この状況で話し手は，bの「バス来る」を言うこともできる。客観的な状況としては同じなので，どちらを使うかは話し手の選択次第である。そこで起こっていることに忠実なのはbだろう。バスの姿が確認され，それはどんどん大きくなる。まもなくバスは「来る」。

aとbのどちらも使えることは認めてよいと思われる。では，そのときの自分の状態や気分を想像して，どんな場合にaを，どんな場合にbを，使いたくなるかを考えてみてほしい。筆者（滝浦）の語感では，次のような相違がある。バス停でバスを待ちながら，バスが早く来てほしい，あるいはバスが遅れていてなかなか来ない，といった場合，私はバスが来ることに対する期待感を抱いているだろう。そのとき言いそうなのはaの「来た」であると感じられる。表現を少し言い換えるなら，「（バスが）ついに／やっと来た」の「た」であると言ってもいいかもしれない。一方，荷物が多くて地面に置いていたり，カバンに入れた財布をまだ取り出していないなど，バスに乗り込む心づもりがまだ完全で

ない，といった場合には，bの「来る」を使いたくなる。表現を少し足せば，「（バスが）来るから準備しなきゃ」といった気分である。違う状況を考えてよければ，自分がバス停に行く途中で，まだ信号を渡らなければいけないときにバスの姿が見えた，といった場合が，bに最もよく合うだろうか——「あ，バス来る！ 急がないと行かれちゃう！」。

このように，客観的には同じ状況であっても，「た」を使えば期待感のようなものが滲み出て，「る」を使えば焦燥感のようなものが滲み出るといった具合に，ちょっとした選択によって，話し手がどういう気分で言っているかのニュアンスが表出されることになる。無意識的である場合もあるし，意図的にその含みを込めて言う場合もあるが，いずれの場合も，語用論的な相違として捉えることができる[1]。

"〈過去〉でない「た」"の用法は，あまり気づかれていない使い分けを含んでもいる。例えば，乗っている車がどうしても動かないので，あれこれ試したり確認していたら，なんと運転者がブレーキを踏んでいた，という状況を考えよう。このとき，運転者自身は次のaとbのどちらを言うこともできる。

(2) a. あ，ブレーキ踏んでた。
　　b. あ，ブレーキ踏んでる。

ニュアンスの違いは，aでは"原因を突き止めた"という感覚で，どうりで動かなかったはずだ，とどこかすでに"解決済み"の含みがある。それに対し，bの方は，まだ解決済みではなく，（ブレーキ踏んでる→）"ということは？"（→車は動かないはず）と，その先の推論を促すような含みになるだろう。このaとbの選択は語用論的問題と言ってよい。

---

1) 加藤（2004：第3章 Q.11）でも，「た」のこうしたニュアンスについて論じられている。

定延利之はこの点をめぐって面白い議論を展開している（定延 2016：第3章2.1節）。運転者自身はaとbのどちらを言うこともできるが，例えば後部座席から前を覗き込んでいる同乗者がaの「あ，ブレーキ踏んでた」を言うのはおかしい。「ブレーキ踏んでた」と言って問題を"解決済み"にしてよいのは当事者（責任者）たる運転者自身だけで，傍観者にすぎない同乗者には，bの「ブレーキ踏んでる」を言って，問題の解決に向けたその先の推論を促すことしかできない。だから，もし同乗者が「あ，ブレーキ踏んでた」と言ったとしたら，「まるで自分が運転してるみたいな口ぶりだね」と揶揄される可能性大である——そうした発話は語用論的に不適切であると言われる。

こうした"当事者性"と結びつく「た」の性質は，じつはかなり広く認められる。次の例でaを言えるのはどんな人だろうか？

(3)〔台所からリビングの家族に声をかけて〕
　a. お湯沸いたよ。
　b. お湯沸いてるよ。

このペアでは，b「沸いてる」の傍観者性が明瞭に感じられ，完全に他人事として報告しているニュアンスとなる。それに対して，aの「た」を使えるのは，この"お湯を沸かす"という行為に直接関わっている当事者に限られるだろう。この場合，お茶を飲みたいからお湯を沸かそうと話した程度の当事者性でもよいが，とにかくそれをともに体験している人物である（定延：同2.2節）。こうしたニュアンスの違いは聞き手もしっかり検知するから，もしaを言われたら，自分も主体的に関わるつもりがある発言として聞き，一方bだったら，自分はさしあたり関わるつもりのない単なる"通報"として聞くことになる。語用論的には，

決して小さくない意味をもつ差異だと言える。

このような"〈過去〉でない「た」"には，なぜ〈過去〉と同じ「た」が用いられるのだろうか。それは，話し手が何かを得た，あるいはすでに得ている，ということを表しているからだろう。そして，表されるのは出来事の過去性ではなく，ある「認識」だと考えてはどうだろうか。例えば，バスがもう来るという認識を得た，あるいは，どうりで車が動かなかったわけだという認識を得た，などと捉えたときに，いま見てきた例も最もよく理解されるように思われる。

丁寧な「た」？

最後に，初めて聞くとかなり奇異に感じられる「た」を紹介しよう。ひところ「問題な日本語」などと言われ少し話題になった言い方でもある（北原 2004）。

(4) ご注文は以上でよろしかったでしょうか。

この言い方に対して，まさにいま注文しているのになぜ過去形の「た」なのか？との違和感を覚える人が（現在でも）いるだろう。この「た」はじつは**対人配慮（ポライトネス）の「た」**である。

現在のことは現在形で言い，過去のことは過去形で言う，と単純に考える人が多い。しかし言語はそんなに単純ではない。現在のことだからといってそのまま現在形で言うと，場合によっては尊大な感じに響くことがある。例えば，次の2つを比べてほしい。

(5) a. 計画は再検討する方がいいと思います。
　　b. 計画は再検討する方がいいと思いました。

言っているのは同じことである。けれども，aのように「思います」と言うと，まさに"いま・ここ"で宣言したり決断を迫っているかのような強さが感じられやすい——だから会議などで「長」に当たる人はこの言い方を好む。一方，実際はいまでもそう思っているとしても，bのように「思いました」と過去の形で表現すると，時のずれの分だけクッションが入る感じになって，少し控え目な言い方になる。これは例えば英語でも同じで，現在のことでも過去のように表現することで控え目になる現象はよくある。先の(5)も同じような英語に直すことができる。

(6) a. I think it's better to reconsider the plan.
　　b. I was wondering if it'd be better to reconsider the plan.

シンプルと見える I think (that)... の形は，じつはかなり強い断言調である。もしも控え目に言っているというニュアンスを込めたいなら，迷いを含んだ動詞 wonder に変え，時制を過去にし，かつ未完了形の be-ing にして，後ろも（過去形の形を利用してつくる）仮定法にする，といった手の込んだやり方がとられる[2]。

対人配慮の「た」に戻ると，一種の方言として，北海道から東北にかけて，この「た」が（最近とくに）目立つようになっている。

(7) 〔新千歳空港で荷物を預けるとき係員が〕
　　搭乗券拝見してました。（「た」はやや長く発音される）
　　　　　　　　　　　　　　（2017年1月に筆者が採取した例）

標準語的な感覚では，「搭乗券（を）拝見いたします／しております」でよさそうなところだが，「拝見してました」と過去の形にしている。

---

[2] 仮定法という形自体が，現在のことを過去のことであるかのように言うことで表現を間接化して丁寧にすることができる仕組みである。これらについてのより詳しい説明は，滝浦（2005：180-182）を参照されたい。

同様に,

(8) 〔仙台のホテルにチェックインした際の説明中で〕
　ドアの内側に非常口のご案内がありました。
(9) 〔仙台のレストランで食事をして会計を頼んだ際に〕
　お席でのお会計でしたので, このままお待ちください。

（いずれも2016年11月に筆者が採取した例）

といった使い方が確認された。筆者は対人配慮の「た」に関心を持っていたにもかかわらず,(8)も(9)も, 言われたときは一瞬何のことかわからず, 一回咀嚼(そしゃく)してから「…があります」や「…お会計ですので／になりますので」を丁寧に言っているとの解釈にたどり着いた。

これらの「た」は, ある程度そうした使い方が定着している地方で, 何かを丁寧に言いたいと思った話し手が（意識的か半ば無意識的かはわからないが）使用した例ということになるだろう。語用論的な色彩が濃いほど, 相手に通じなかったり, 相手を戸惑わせたりするリスクも大きくなるが, その好例とも言える。

2. 対人配慮の語用論

　第9章で解説したグライスの考えを思い出してほしい。グライスは「協調の原理」と4つの「原則」を置いたが, それらは忠実に遵守するべき規範といったものではなく, それを想定することで, 疑心暗鬼にならずに会話に参加したり, そこからの逸脱を感じ取って含み（推意）を推論したりできる, いわば仮想基準のようなものだった。そして実際, 人々はコミュニケーションの中でそこから頻繁に逸脱する。

　逸脱する動機として, グライスはレトリックを考えたが, それ以外に

も様々な動機があり得ると述べ、その1つが対人的な配慮だった。もしも4つの原則を忠実に実行したとすると、その人はつねに真実と本心しか言わず、かつ、その言葉はつねに必要十分な量で、文脈に関係あることだけが最も直截(ちょくせつ)な仕方で語られることになる。それは、情報伝達の観点では最高に効率的だが、他方で、およそ人間的とは感じられないことだろう。そこから逆に考えると、私たちが普通に人間的であると感じる言葉とは、**4つの原則からのほどよい逸脱**を含んでいることになる。コミュニケーションの究極的な機能が、情報伝達と人間関係の構築・維持にあると考えるなら、グライス的な原理・原則が情報伝達の効率性に寄与する一方、人間関係に関わる側面では、言葉の使い方によって表現される対人的な配慮が大きな役割を果たすだろう。言い換えれば、人はコミュニケーションの中で、情報伝達の効率性をいくらか犠牲にして、その分を対人配慮に当てるような関係になる。グライスの枠組みで考えるなら、それは**原則からの逸脱とそれによる含みの伝達**によって行われる。図示してみよう（図11-1）。

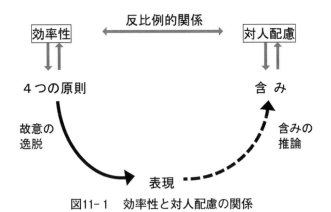

図11-1　効率性と対人配慮の関係

典型的な例をいくつか挙げてみる。**対人配慮と伝達効率の反比例的な関係**を意識しながら見てみてほしい。故意による質の原則違反としては，第9章で触れた"優しい嘘"のほかにも，相手を傷つけないように程度を抑えて言う「緩叙法（控え目表現）」などがある。日本語の「ちょっと」はその典型例だろう。

(10)〔受験校の相談で教師が〕
　　いまの力だと，ちょっと無理かなという感じみたいですね。

何かが不可能であることを伝えるときに，"全然"無理であっても「ちょっと」とよく言うのは，厳密には事実に反することを言っていることになる[3]。またこの(10)の例では，「…かなという感じみたい」というまどろっこしい言い回しをしている。これによって，断定を避けながら述べて，相手に自分で諦めてもらおうとしているニュアンスになるだろう。わざと回りくどく言っていることになるので，様態の原則違反ともなる。
　答えにくい問いに対する返事など，相手の意向に沿わないことを言わなければならない場合に，一見関係の薄い話をして，相手の察しを促すといったことも，よく使われる手である[4]。

(11)〔新しい保険の勧誘を受けて断りたい人が〕
　　今年，子どもが大学受験なんですよ。

この例など，保険の勧誘とは内容的に結びつかず，その意味では明らかな関係の原則違反である。けれども，私たちはしばしばこうした言い方

3）実際，諦めきれない親などが「じゃあ，どのぐらい頑張れば受かりますか？」などと問い返したりする。
4）こうした個々の具体的な手法のことを，「**ストラテジー**（strategy）」という。直訳すると「方略，戦略」といった意味だが，意識的か無意識的かは問わない。

で"間接的な断り"をしようとする。それは，子どもが大学受験というのはお金がかさむ物入りの年であるから，さらに新しい保険の掛け金を払うだけの余裕はない，という推論が容易に可能だろうと考えるからである。〈勧誘〉を明示的に断ることは，誘った側の顔[5]をつぶすことになるため，避けたいと感じられやすい。そのため，一見関係ないようでいて，比較的容易に関係づけることのできる話をして，相手に自発的な諦めを促そうとするのである。

いま見てきた対人配慮は，言いにくいことを言うような場面のものだったが，言われた相手にとって心地よい言葉を言うのももちろん対人配慮である。相手に対して悪い感情をもっていないときに言う，ちょっとした〈ほめ〉の言葉はその典型と言える。

(12)〔隣りに座っている友だちに〕
　　<u>何そのペン，買ったの？かわいいね</u>。ちょっと貸して。

ペンが「かわいい」ことを言いたいなら別だが，もし単にペンを借りたいだけだったとすれば，前半は不必要な言葉であり，その意味では量の原則と関係の原則に違反している。しかし人間関係の観点からすると，〈ほめ〉というのは価値観の共有を確認する意味合いがあるので，ちょっとした一言でも，相手を自分が受け入れていることの表明となり，ひいては相手と自分の人間関係の確認や強化の働きをする。そのようなわけで，これも立派な対人配慮である。

おおむねこのようなことを考えて，言語的な対人配慮の理論を「**ポライトネス（politeness）**[6]」の理論として提案したのが，**ブラウン＆レヴィンソン**だった（Brown and Levinson 1987/1978［ブラウン＆レヴィンソン 2011］）。彼らは，4つの原則からの逸脱の度合いと相手に

---

5) これを文字どおり「**フェイス（face）**」という。詳しくは章末で紹介する文献などを参照されたい。

対して表したい"遠慮"の度合いを平行的なものと見て,
　　相手との共有やつながりに訴える
　　「ポジティブ・ポライトネス（positive politeness）」
　　相手に触れないよう負荷を避ける
　　「ネガティブ・ポライトネス（negative politeness）」
を含むポライトネスの類型を立てた。先の(10)(11)はネガティブ・ポライトネスの例，また(12)はポジティブ・ポライトネスの例となる。この理論は対人配慮に関わる語用論的現象を理解するのに大変参考になるが，ここでは解説する余裕がないので，理論の背景や詳細については滝浦（2008）を，また，〈あいさつ〉や〈感謝／謝罪〉〈依頼・勧誘／断り〉といった言語行為の各論については滝浦・大橋（2015）を参照してほしい。

3．遠い言葉と近い言葉

　知ってのとおり，人間関係には遠近がある。上で紹介したポライトネスにおける「ネガティブ／ポジティブ」の対も，少し角度を変えてみれば，**"遠隔的／近接的"** の対と見ることができ，つまりポライトネスも遠近で捉えることができる。じつは人は，ポライトネスの遠近を通じて，人間関係の遠近を言葉の遠近として盛んに伝え合っている。その一端が，第 9 章の文例にも表れていた。

　　(13)（＝第 9 章の例(2)，B は a と d のみ掲げる）
　　　A：いや，暑いですね。
　　　B：a. ほんと暑いですね。

6）'polite' を直訳すると「丁寧な」となるが，すでに見たように，仲良しには仲良しなりの"相手に近づく"配慮もあると考えるので，「丁寧さ」では半面だけになってしまう。そのため，「対人配慮」と一般化して言うか，「ポライトネス」とそのまま言うことが多い。最近「配慮表現」という用語もよく見るが，実質的にはあまり変わらないと思っている。

　　　　　d. その上着を脱いだらどうですか？

　「いや，暑いですね」との社交的な言葉に対して，「ほんと暑いですね」とほとんどトートロジーのように返すのはいいが，「その上着を脱いだらどうですか？」と過剰に実質的なメッセージで返すことは，ケンカでも売ろうというのでなければ薦められないと書いた。同時に，そこに付けた脚注で，もしこのような「です・ます」体で話す人間関係ではなくて，「だ」体すなわち"タメ語"で話すような関係だったとしたら，次のようなやり取りもあり得るだろうとコメントした。

　(13') A：いや，暑いね。
　　　　B：じゃ，その上着，脱げば？

　このことはどう説明できるだろうか？「です・ます」も敬語なので前者は敬語体であり，それゆえ(13)と(13')の対は"敬語体 対 タメ語体"の対である。人間関係の遠近と重ねれば了解されようが，敬語体は"遠い言葉"，タメ語体は"近い言葉"である。一方，これは出会いの場面だから，あいさつをして何かを共にしておきたいという心理もある。
　そうした観点で，まず(13a)の「ほんと暑いですね」を見ると，内容面では，実質的な情報は何も加えずに相手の言葉をほとんどそのまま共有すると同時に，形式面では，敬語が使われているため，相手に不用意に触れたりしないという"敬避的"な構えが表明されている。つまりこれは，あいさつとして一応相手に触れておきたいという欲求と，むやみに触れて失礼にならないようにしたいという欲求をともに満たす，ある意味で絶妙の返し方であると言える。それとdの「その上着を脱いだら…」を比べると，こちらは明らかに踏み込んで相手の感覚や判断に触

れている——しかも共有や共感ではなく，あからさまに否定的に——ことがわかる。そうなるとこれは，余計なお節介という"**不当な領域侵犯**"として「ポライト」どころか「**インポライト（失敬）**」な言葉として受け取られてしまう。

　他方，タメ語体の人間関係では，この"**不当な領域侵犯**"が起こりにくい。なぜなら，この関係は近い関係であるから用いられるのも近い言葉であり，近い関係の近い言葉では，相手に触れることはもとより，相手の領域に踏み込んだ言葉も，相手への"**率直な気遣い**"として受容されやすくなる。そのため，(13')のように「じゃ，その上着，脱げば？」と返したとしても，言われた側は，ただのあいさつよりも実質の気遣いで返してきたのだなと了解することができる。

　こうした，人間関係に応じて相手の"自己"に触れる許容度が変わる現象は，日本語ではかなりはっきりと観察される（鈴木 1997）。最も典型的には，敬語体で話される，とりわけ相手が上位者であるような人間関係において，相手自身の欲求や感情に言及すると不自然になる。

(14)〔部下が社長に尋ねて〕
　　a.？社長，コーヒー飲みたいですか？　［欲求］
　　a'.??社長，コーヒーお飲みになりたいですか？　［欲求］
　　b.社長，コーヒーお飲みになりますか？　［行動］
　　c.社長，コーヒーいかがですか？　［判断］
　　d.社長，コーヒーお持ちしました。　［自己の行動］
　　（？と??は，その数に応じて表現が不自然なことを示す）

社長の行動(b)や判断(c)を尋ねる分には問題ないが，欲求を直に尋ねると"領域侵犯"的なニュアンスが出て奇妙な不自然さが生じる(a)。

面白いことに，それを敬語形にすると，不自然さが軽減されるのではなく，まるでふざけて言っているかのように不自然さが増す（a'）。話し手はそうした侵犯を回避するために，自己の行動を述べる形にして，そもそも相手に触れずに済ますこともできる（d）。

言及領域に関するこうした制約は，タメ語体の人間関係では生じない。ここでもむしろ，近い人間関係であれば近い言葉によって相手への"気遣い"を示すくらいの方が自然であることも多い。それゆえ，

(14')〔友だち同士で〕
　a. ねえ，コーヒー飲みたい？　［欲求］
(15)〔恋人にプレゼントを渡しながら〕
　　こういうの前から欲しがってたでしょ？　［欲求］

のように友だち同士やカップルで言うのはまったく自然である。(15)の場合だと，相手の私的な欲求まで知っているくらい関係が親密である，あるいは，相手に対する関心が強い，といったニュアンスが出る。

相手の感情に言及する例も見ておこう。少し違う角度からのものを挙げる。留学生など日本語学習者からのメールで，次のような表現に出会うことがままある。

(16)〔日本語学習者からのメールで〕
　　？今日の私の発表に先生はきっと怒っているでしょうね。［感情］

欲求のケースと同じ理由で，敬語体の人間関係では，相手の感情に言及することも忌避される傾向が強いため，母語話者はこうした言い方を決してしない。母語でない言語習得において，語用論的知識の学習は一番

後になりがちだが，コミュニケーションにおける重要性が低いわけではないので，時として悩ましい問題を生じさせる。

敬語とタメ語の語用論

　いま見てきたのは，人間関係と言葉遣いを平行的に"敬語的／タメ語的"と分ける想定での議論だった。しかし，日々のコミュニケーションでは，同じ相手と話しながら，敬語とタメ語（非敬語）を混ぜて使うことがよくある。それはたまたまなのだろうか？ それとも，そこに何か働きが見出せるのだろうか？　最後にそのことを考えたい。

　例えば，人から何かをご馳走になっていて，それが美味しかったとする。そのときに言う言葉として次のどちらがより美味しそうに聞こえるだろうか？

　　(17) a. これ，おいしい！
　　　　 b. これ，おいしい<u>です</u>！

見てのとおり，違いはａがタメ語形でｂが敬語形という一点だけだが，教室などで質問すると，ａの方が美味しそうとの答えが圧倒的に多い。人からご馳走になっているということで敬語体的な人間関係を考えるなら，このとき基本のスタイルは「です・ます」体のはずであり，だとするとｂの「おいしいです」が基本だろう。ところが，基本どおりにそれを使うと，伝えたい美味しさがストレートに伝わらない感じがしてしまう。なぜかというと，理由はまさに敬語が帯びている"遠い言葉"としての性質にある。ここで話し手は自分の感じた美味しさを伝えたいのに，敬語は相手を遠くに置いてしまう。それによって生じた相手との距離が邪魔をすると言えばいいだろうか。他方，タメ語形の「おいしい」

では，そうした距離が置かれないため，"おいしい"ことがそのまま相手に届けられることになる。この差が，表現される"おいしさ"の差となって感じられるというのが語用論的説明である。

　このようにして，私たちのコミュニケーションでは，敬語体がベースであっても，要所要所で敬語を外して**タメ語形**を用いることで，相手を遠ざけすぎない工夫がしばしばなされている。テレビのトーク番組などでは，何かの気づきや「すごい！」といった感嘆，「うれしい！」といった感情，そして「おいしい」のような感覚，などの要素——これらは自ずと表に出るものという意味で"表出"という言葉が似合う——だけがタメ語で話され，それ以外の部分は敬語体で丁寧さが保たれるといったスタイルを観察することができる。そのように敬語とタメ語を使い分けながら，人は相手との距離感を調整して，踏み込みすぎず，離れすぎない関係を言葉で保っている。とても興味深い語用論的現象である。

引用文献

Brown, P. and Levinson, S.C.（1987/1978）*Politeness: Some Universals in Language Usage*. Cambridge: Cambridge University Press.［ブラウン，P.・レヴィンソン，S.C.〔田中典子監修，田中典子・斉藤早智子・津留﨑 毅・鶴田庸子・日野壽憲・山下早代子訳〕（2011）『ポライトネス――言語使用における，ある普遍現象』東京：研究社］

加藤重広〔町田健 編〕（2004）『日本語語用論のしくみ』研究社
北原保雄（2004）『問題な日本語』大修館書店
定延利之（2016）『コミュニケーションへの言語的接近』ひつじ書房
鈴木 睦（1997）「日本語教育における丁寧体世界と普通体世界」，田窪行則編『視点と言語行動』くろしお出版
滝浦真人（2005）『日本の敬語論 ポライトネス理論からの再検討』大修館書店
滝浦真人（2008）『ポライトネス入門』研究社
滝浦真人・大橋理枝（2015）『日本語とコミュニケーション』放送大学教育振興会

12 | 談話分析 ─話しことばの連なりから見えてくること─

熊谷智子

《目標＆ポイント》 言語研究における談話とは何か，談話を分析する目的は何かを考える。＜話す＞と＜書く＞の違いについて整理し，＜話す＞ことの特徴をふまえながら，談話の構造を捉える観点や，談話に現れる諸現象を確認する。また，談話の現象の1つであるくり返しを通して，ことばによる相互行為を分析する。
《キーワード》 談話構造，談話の単位，ターン，隣接ペア，くり返し

1. 談話分析とは何か

「談話」という語を，日頃，私たちは「首相の談話」のような形で聞くことが多いが，言語学で言う談話とは何なのだろうか。

談話は，言語研究では「**文以上のまとまり**」を指す。広義には書きことばも含むが，書きことばのまとまりである文章に対して，話しことばの文以上のまとまりを指すことが多い。

では，談話と**会話**はどのように区別されるのか。会話は，複数の話し手の間で展開されるやりとりである。一方，談話はそうしたやりとりだけでなく，スピーチのような独話である場合もある。その意味で，談話は会話を含むより大きな集合と考えることができる。

談話分析は，談話データ（録音・録画や文字化資料[1]など）を詳細に

---

[1] 文字化の具体的な方法等についてはここでは述べないが，文字化資料の具体例や文字化記号の例については，章末の参考文献類を参照されたい。どのような記号を用いて文字化を行い，何をどこまで詳細に記述するかは研究者や研究目的によってさまざまである。

検討して，全体の構造や，談話中に見られる諸現象の働き，**話者間のことばによる相互行為**のありようなどを明らかにするものである。談話を分析してみることで，私たちが普段何気なく行っていることばのやりとりにパターンやメカニズムが存在していること，談話中のさまざまな要素がコミュニケーション上の働きを担っていることなどが分かってくる。また，日本語だけでなく，他の言語の分析結果と比較対照することで，外国語でのコミュニケーションの教育や学習にも役立つ知見を得ることができる。

2. ＜話す＞ことと＜書く＞こと

談話分析の対象となる談話がどのような特徴をもっているかを考える上では，まず＜話す＞とはそもそもどのような活動なのかを確認する必要がある。それには，同じくことばによる発信である＜書く＞と比較してみることが役に立つ。

＜話す＞と＜書く＞はどのように異なるのか

一口に＜話す＞と＜書く＞を比較するといっても，それぞれにいろいろな場合がある。ここでは両者の典型的な特徴や違いを見られるよう，＜話す＞の例として日常のくだけた会話，＜書く＞の例として論説文などのかたい文章を想定してみよう。

まず，両者の違いとして**送り手と受け手との関わり方**が挙げられる。文章の場合，書き手がまず書いて，それをいつかどこかで読み手が読む。書き手と読み手は時空間を隔てているので，ことばだけが伝達の頼りである。一方，会話では参加者たちは時間，そして多くの場合（電話などを除いて）空間を共有している。話す際には，その場の状況や文脈，あるいは声の調子や表情・ジェスチャーなども利用して伝えることが可能

になる。

　次に，文章，特に論説文など不特定多数の読者を想定したものであれば，なるべく多くの人に分かりやすいように留意して書く必要がある。それに対して，会話は特定の相手とのコミュニケーションである。話し手は，その相手の知識や相手との関係に合わせて，どの程度詳しく説明するか，敬語は使うのかどうかなど，表現や話し方を選ぶ。また，単に情報内容を伝達するだけでなく，生身の人間との相互行為を円滑に行うための配慮や共感の表出など，対人調整的な行動も関わってくる。

　＜話す＞と＜書く＞のさらなる違いは，**ことばの産出**がどのような状況でなされるかということと結びついている。日常の会話は，いわば即興に近い形で行われるので，話し手は相手が言ってきたことに反応して限られた時間で発話を組み立てることになる。そのため，「すっごくいいよ！あの映画」のような倒置の形や，「今日はちょっと都合が…」のような言いさし，「えーと」のような言いよどみなどが頻繁に見られる。一方，書く場合は一定の時間をかけて推敲できることが多い。使う語は慎重に選ばれ，文の形も整えられる。こうした状況の違いから，話して産出されたことばは，書いて産出されたことばに比べ，断片的，非整合的なものとなっている。

　なお，ことばの産出に起因するこの違いは，**受信・理解の過程**とも深く関わっている。書いた文字は残る。読み手はそれを拾い読みすることも，何度も読み返すこともできるので，冗長性をそぎ落としたコンパクトな文章でも困ることはなく，むしろそれが文章としては簡潔で望ましいとされる。ところが，音声は一瞬にして消え去っていく上，早口で話されれば聞き手はその速度で聞きとるしかない。無駄なく高密度に情報が盛り込まれた話を耳で聞いて理解するのは，短い話ならまだしも，長ければその負担は多大なものになる。そうした状況では，「あのー」な

どの言いよどみや言い直し，ポーズ（沈黙による間）など，一見無駄で冗長に見える要素も，話し手が言うことを組み立てる時間をかせぐだけでなく，聞き手にとってもある種の助けとなるのである。

＜話す＞という活動と結びついた談話の特徴

　本節で述べた＜話す＞と＜書く＞の違いはChafe（1982）に詳しい。両者を比較することによって，話すことで生み出される談話のもつ２つの特徴が見えてくる。１つは，談話（会話）は特定の相手に向けたことばから成り，話者が互いに働きかけ，協力し合うことによって作り上げられるということである。もう１つは，談話は断片的な要素や一見冗長な要素を含むが，それらがやりとりを進める上で重要な役割を果たすということである。**談話の構造**をとらえる上で用いられる**単位**や，やりとりに現れる諸現象は，いずれもこうした談話の特徴と切り離せないものである。以下，３節では談話の構造を捉える観点について，４節では日常のことばのやりとりに現れる現象を見ていく。そして，５節ではくり返しという現象に注目して談話例を分析してみる。

3. 談話の構造を捉える観点

　相互行為の展開を見る上で，まずその談話の構造を捉えることは重要である。以下では，(1)を例に，談話の構造を記述する観点として，**開始・本題・収束**[2]の３分割，**ターン**，**発話の機能**，**隣接ペア**を紹介する。

(1) 1 H 　陽子，おはよう。
　　 2 Y 　おはよう，春香。
　　 3 H 　ねえ，あさっての放課後って，あいてる？
　　 4 Y 　うん，多分何もないと思うよ。

2）本題については本論や展開（部），収束については終了など，他の用語も使われる。

5 H　私，急にサークルのミーティング入っちゃったんだけど，
　　　　バイトのシフト代わってもらえないかな。
6 Y　あ，いいよ。
7 H　サンキュ！　よかったー。
8 Y　じゃ，交代のこと，春香から連絡入れといてね。
9 H　うん，わかった。じゃまた後でね。
10Y　じゃね。

開始・本題・収束

　談話の全体構造のつかみ方として，開始・本題・収束の3分割が挙げられる。(1)で言えば，1Hと2Yの互いに出会いの挨拶を交わす部分が開始，9Hの「じゃまた後でね。」と10Yが会話をきりあげる収束の部分であり，両者にはさまれた部分が本題ということになる。
　家庭内の会話などなんとなく始まって終わるような場合や，参加者が途中で出入りするような場合には，3分割の構造が見出しにくいので，常に使いやすい方法というわけではないが，談話のタイプによっては有効である。たとえば電話での会話のように，開始や収束の部分の認定がしやすく，なおかつそこでのやりとりに定型的なパターンが見出せるような談話の分析においては，こうした構造分割が利用される。

ターン

　会話では複数の参加者がかわるがわる発話するが，それぞれの話者の発話順はターン（turn）と呼ばれ，構造分析における重要な単位となっている。(1)では，1HはHの，2YはYのターンであり，3HはHの2番目のターンということになる。
　ただし，何かを言えばそれがすなわちターンと認定されるわけではな

い。たとえば，以下のような場合である。

(2) 1 A　昨日ね，
　　2 B　うん，
　　3 A　渋谷に買い物に行ったんだけど，
　　4 B　うん，
　　5 A　どこもすごく混んでてー，…

(2)ではAのターンがずっと続いており，間にはさまれたBの「うん」という相づちはターンとは見なされない。2Bや4Bのような相づちは，聞いている，先をどうぞ，という聞き手側のメッセージであり，自らターンをとる意思のないものだからである。
　ターンには長いものも短いものもある。また，3人以上の会話では人によってターンをとる回数が多かったり少なかったりすることもあるので，ターンの数や個々のターンの長さは談話全体における各話者の発話量や参加の仕方を見る目安ともなる。
　交代でターンをとって発話することを**ターン・テイキング**と言う。ターン・テイキングがどのように行われているのか，自分がターンをとりたいと思ったときに人はどのような行動をとるか，といったことも談話を分析する上で興味深い観点である。

発話の機能
　会話をことばによる働きかけのやりとりと考えれば，個々の発話がもつ働き，すなわち**機能**の連なりという形で談話の構造を見ることもできる。機能を特定する上では，直前の発話との関係や話題の導入・収束など多角的な観点を総合的に用いる方法（熊谷 1997）もあるが，一般に

用いられているのは行為の種類（依頼，謝罪など）によって機能を特定する方法である．機能の観点から(1)を記述すると，(3)のようになる．

(3) 1 H 《呼びかけ》《挨拶》⎤
　　2 Y 　　　　　《挨拶》⎦《呼びかけ》
　　3 H 《注目喚起》《質問》⎤
　　4 Y 　　　　　《答え》⎦
　　5 H 《説明》《依頼》⎤
　　6 Y 　　　《承諾》⎦
　　7 H 《感謝》《感情表出》
　　8 Y 《依頼》⎤
　　9 H 《承諾》⎦《挨拶》⎤
　　10Y 　　　　《挨拶》⎦

2人の話者のそれぞれのターンがどのような機能（働きかけ）によって構成されているかを記述することで，それらの機能がどのように連なってやりとりの流れが構成されているか，どの部分とどの部分が特に関わり合っているかなどを分析することができる．(3)では，強い関わり合いをもつ機能どうしをリンクで示している．これは，「隣接ペア」と呼ばれるものであるが，それについては次項で述べる．

隣接ペア

隣接ペア（adjacency pair, Schegloff & Sacks 1973）とは，次のような条件を満たす2つの発話である．

　①第一発話と第二発話から成る

②第一発話と第二発話は（原則として）互いに隣接している
③第一発話と第二発話の各々が異なる話者によって発話される
④特定の第一発話が，次に来る特定の第二発話を要求（指定）する

　隣接ペアの例は，「挨拶―挨拶」「質問―答え」「依頼―承諾／断り」などである。片方の話者が挨拶の発話をすれば次にはもう片方の話者による挨拶の発話が要求され，質問が発せられれば次には答えが要求される。第一発話が要求する第二発話が現れない場合には，何らかの欠如感が生じる。隣接ペアは，やりとりを組織する基本的な単位とも考えられる。

　なお，条件②が「（原則として）」であるのは，日常の会話でもよく出会う(4)のような入れ子型の隣接ペアがあるためである。

(4) 子：ねえ，テレビ見てもいい？
　　母：宿題はすませたの？
　　子：すませたよ。
　　母：じゃあいいわよ。

　(4)で，子の質問に対し，母は答えないまま宿題について尋ねる。これが逸脱的でないのは，母による質問が最初の質問に答えるために必要なものだからである。子も自分の質問が無視されたわけでなく，要求された第二発話（答え）がしかるべき時点でなされるまでペンディングの状態であることは分かっているので，こうしたやりとりが可能になる。

　以上，代表的なものを紹介したが，談話の構造を分析する観点はいくつもある。同じ談話でも観点によって，単位ごとのまとまりや連なりの

パターンなど，さまざまな姿が浮かび上がってくる。

4. 談話に現れる諸現象

　談話には各種の興味深い現象が現れる。中でも日本語の談話分析で注目されることが多いのが，他の言語に比べて頻度が高いと言われる**相づち**である。英語や中国語では，話し手が文にあたるようなひとまとまりの情報内容を言い終えたところで相づちがうたれるのが普通だが，日本語では(2)の A「昨日ね,」B「うん」…のように，ターンの途中でも盛んに相づちが入る。話し手も「ね」「さ」などの間投助詞をはさむことで，聞き手の相づちを招く。聞き手は相づちによって，聞いている，関心をもっている，同意している，あるいは疑問を感じたなど，さまざまなサインを送る。話し手も，相づちを通して聞き手の理解や感情などをモニターし，必要に応じて自分の話し方を調整したりもする。相づちについては，その出現位置や頻度，形式や機能など，談話分析から多くの知見が得られている。

　談話には，「あのー」「まー」など，**フィラー**と呼ばれる要素も多く見られる。フィラーは，実質的意味内容をもたず，話す際に不可避的に現れる言いよどみや間つなぎとも考えられていたが，近年では心内の認知行動の解明につながるものとして分析されている。算数の授業で教師にあてられた生徒が「えーと，79です」と答えを言うのは自然だが，「あのー，79です」は不自然であるように，各種のフィラーにはそれぞれに適した文脈がある[3]。定延（2010）は，フィラーを発する行動は当該のフィラーと結びついている認知行動をあからさまに行うことであり，フィラーの全体像をとらえるには認知的な側面と社会的な側面（話し手と他の会話参加者との関係）に注目する必要があると述べている。

　また別の現象として，発話の**くり返し**がある。くり返しは，発話にお

---

[3] 異なる状況，例えば教師がクラスの全員に質問を向けて，周囲の生徒が誰も答えない時に，内気な生徒が遠慮がちに答えを言うような場合には，「あのー」の使用は不自然ではない。

ける不要な足踏み，あるいは「くどい話し方」の特徴とされるなど，冗長性と同一視されがちである。しかし，自分の発話をくり返すか相手の発話をくり返すか，それをどのような形式で，どのようなタイミングでくり返すかなどによっても，意味合いは異なり，さまざまなコミュニケーション上の働きや効果を担い得る。ピザの宅配注文の電話で，店員は電話番号や注文内容を必ず復唱するが，それは情報伝達を確実にするためのくり返しである。また，「今日は寒いですね」と言われて（「ほんとにね」でなく）「寒いですねー」とくり返しで応答することで，共感をよりよく表すことができる。中田（1992）は，各種の談話におけるくり返しを分析した結果，情報伝達，心情表出，依頼や説得などの強化，関係保持，詩的効果，メタ言語[4]，談話構成に関わる機能を指摘している。

　これらに加えて，**発話の重なり**，**ポーズ**，そして複数の話者で1つの発話文を作り上げる**共同構築**（(5)に例を示す）など，談話には多様な現象が見られる。

(5) A：昨日は春みたいな陽気でしたけど，
　　B：今日は冬に逆戻りですね。

談話分析では，こうした現象が談話のどのような位置に生起するか，どのようなパターンをもっているか，話者間の相互行為においてどのような働きをしているかなどを明らかにすることも行われる。
　次節では，前述の現象の中からくり返しを取り上げて，短い談話の分析例を示す。2人の参加者のやりとりにおいて，自分の発話や相手の発話のくり返しがどのように現れ，それが**談話の目的**や**話題の管理**とどのように関わっているかを見てみよう。

---

4)「メタ言語」とは，言語について語る（説明する）言語を指す。

5. 分析例：談話におけるくり返し

　以下の(6)は，中学生の友人同士の会話の一部である[5]。Kがその朝遅刻したことを塾の休み時間にMが指摘し，問いただしている。くり返しの元になる発話とそのくり返しは，下線や囲みなどで示す。

(6) 1 M 　一代，また遅れたで，今日。いっつも遅れるんねえ。
　　2 K 　いつもお？
　　3 M 　馬鹿みたい。なーんでそんな遅いん？
　　4 K 　うん。朝，苦手。だって昨日さあ，1時ん帰って2時ん寝たんだもの。
　　5 M 　1時に帰ったって？　どこ行って来たん？
　　6 K 　うんと，だからさ高校生の家。
　　7 M 　1時に帰って来たの？　1人で？
　　8 K 　ううん。お母さんと行ってて。んでお母さんとおばさんが長っ話して…
　　9 M 　長っ話？
　 10 K 　んで，私たちは遊んでて…
　 11 M 　1時。で，すぐ寝たん？
　 12 K 　うん。お風呂に入って。
　 13 M 　だからって，そんな事言ってて，いつも。
　 14 K 　んで，2時に寝たでしょ。3，4，5，6，7，8，9時に起きたから，7時間。
　 15 M 　9時に起きたの？
　 16 K 　うん。んで，なんかとろくゆっくりしてたら，時間なっちゃった。

5）出典：『言語生活』416号（1986年，筑摩書房）「録音器」欄 p.78

(6)に現れているくり返しは，どのような働きを担っているのだろうか。そして，くり返しを通して参加者間のどのような相互行為が見えてくるのだろうか。

　この会話では，Ｍが小言めいたことを言い，Ｋが守勢にまわっているという両者の立場関係が特徴的である。まず，冒頭の攻防を見てみよう。元来，小言や苦情を言う時は，相手の非をくどくどと述べるものであるが，ここではＭが１Ｍで「遅れた」「遅れる」とＫの遅刻についてくり返し言及し，さらに３Ｍで「なーんでそんな遅いん？」とたたみかけている。一方，Ｋも１Ｍの「いっつも遅れる」の「いっつも」を２Ｋで上昇音調でくり返すことで，相手の批判に異議を表明している。

　次は，３Ｍ「なーんでそんなに遅いん？」に続くＫの説明とそれに対するＭの合いの手（４Ｋ～12Ｋ）である。ここでもＭは，４Ｋ「１時ん帰って」に対する５Ｍ「１時に帰ったって？」，８Ｋ「長っ話して…」に対する９Ｍ「長っ話？」のように相手の発話をすぐさまくり返して，問いただしの手をゆるめない。また，Ｍにとって驚きの種だったと思われる「１時に帰った」ということを７Ｍと11Ｍでさらに２度くり返して，あきれた気持ちを強調している。加えてＭは，ことばのくり返しではないが，５Ｍ「１時に帰ったって？どこ行って来たん？」，７Ｍ「１時に帰って来たの？１人で？」，９Ｍ「長っ話？」，11Ｍ「で，すぐ寝たん？」に見られるようにたて続けに質問をくり返し，やりとりの主導権を保持している。

　一連の説明がなされたところで，Ｍは13Ｍで突如，遅刻への批判を再開する。ここで話を戻すためにＭが行っているのは，１Ｍの「いっつも」をくり返すことである。ただし，ここでＫの方も話を小言に戻させまいとするかのように，14Ｋで強引に前夜の話を続ける。そこま

での説明でもKは「んで」(8K, 10K)で話をつないできているが,14Kでも再び「んで」で自分の話を続ける姿勢を見せ,「2時に寝た」と自らの4Kでの発話をくり返すことで,説明へと話を引き戻している。さらにKは,「3, 4, 5, 6, 7, 8, 9時」という言い方をしているが,こうした数字を数え上げる形も,たとえば「青と,赤と,黄色と,白と,…」のような並列と同様,一種のパターンのくり返しとされる。くり返しは,発話内容を新たに考え出さずにすむ分,手軽に発話量を増やすことにも役立つが,ここではMの小言に話を戻させないようにKがなるべく長い発話で時間をかせぐことにもつながっている。それに対してMは,14Kの「9時に起きた」を15Mでくり返すことによって説明に付き合う姿勢を見せている。

　以上,(6)におけるくり返しとMとKの攻防の相互行為を見てきた。Mは自分の発話をくり返すことで追及のインパクトを強め,相手の発話をくり返すことで問いただしを進めていた[6]。Kは,相手の非難の表現をくり返して問い返すことで反論の意思を示し,自分の発話をくり返すことで説明を続け,それによって小言をかわそうとしていた。また,13Mと14Kでは,小言を再開しようとするMと,それを防ぐべく前夜の話を続けようとするKが,どちらも自分が前に行った発話をくり返すことによって話の方向性を操作しようとしていた。くり返しは,さまざまな形でやりとりの中に現れ,相互行為を進めたりコントロールしたりする上で多様な役割を果たしている。

---

6) (6)は,参加者間に一種の対立が存在するので,やや特殊な状況と考えられる。一般に相手が述べたことをくり返して受けることは,相手に寄り添った共感的な聞き方となる。

引用文献

熊谷智子（1997）「はたらきかけのやりとりとしての会話―特徴の束という形でみた「発話機能」―」茂呂雄二編『対話と知　談話の認知科学入門』新曜社，pp.21-46.

定延利之（2010）「会話においてフィラーを発するということ」『音声研究』第14巻第3号，pp.27-39.

中田智子（1992）「会話の方策としてのくり返し」国立国語研究所『研究報告集13』秀英出版，pp.267-302.

Chafe, W.L. (1982) Integration and Involvement in Speaking, Writing, and Oral Literature. In Tannen, D. (ed.) *Spoken and Written Language: Exploring Orality and Literacy*. Norwood, NJ: Ablex Publishing Corporation. pp.35-53.

Schegloff, E.A. & Sacks, H. (1973) Opening up Closings. *Semiotica*, 7-4, pp.289-327.

参考文献

岡本能里子（1990）「電話による会話終結の研究」『日本語教育』72号，pp.145-159.

クールタード，マルコム著，吉村昭市・貫井孝典・鎌田修訳（1999）『談話分析を学ぶ人のために』世界思想社

堀口純子（1997）『日本語教育と会話分析』くろしお出版

メイナード，泉子・K（1997）『談話分析の可能性―理論・方法・日本語の表現性』くろしお出版

林宅男編著（2008）『談話分析のアプローチ　理論と実践』研究社

山根智恵（2002）『日本語の談話におけるフィラー』くろしお出版

好井裕明・山田富秋・西阪仰編（1999）『会話分析への招待』世界思想社

13 | 社会言語学① ―社会におけることばのバリエーション―

熊谷智子

《目標&ポイント》 言語学が言語の標準的な体系を明らかにするのに対して，社会言語学は実際の話し手たちのことばのバリエーションや使い分けに着目する学問分野である。まず，話し手の属性（出身地域，世代，性別など）によることばの違いについて学び，ことばのバリエーションと社会の関わりを示すトピックについて考えていく。
《キーワード》 属性，集団語，地域差，世代差，男女差

1. 言語学と社会言語学

　社会言語学は言語学の一分野であるが，音声学・音韻論や形態論，統語論など，いわゆる言語学と呼ばれる諸分野とはある重要な違いがある。どのように異なるのだろうか。

　言語学では，言語を1つの**標準的な体系**（その話者たちが共有している一種の理想的・抽象的体系）として研究し，音声や語彙，文法，意味などについて明らかにする。それによって，日本語や英語など個々の言語がもつ個別的特徴，そして人間の言語一般に共通した普遍的特徴が解明されてきた。そうした研究の蓄積があるからこそ，個々の言語についての文法書や辞書の作成が可能になり，その言語を第二言語や外国語として学習する人々にも役立てることができる。

　一方，社会言語学は，社会の中で**人々が実際に使っていることば**のあ

りようを研究する学問である。例えば，教科書で外国語を学んだ後，その国に行ってその言語を話して暮らしている人たちに出会うと，彼らが教科書とは異なることばをさまざまに話すことに気づく。日本語も同様である。東京の高校生と大阪の高校生ではことばが異なる。同じ家族の一員であっても，母親と息子では，仲の良い友人と電話する時に話す「日本語」は同じではない。それは人によって違うだけではない。同じ人であっても，場面や相手によって話し方やことばづかいを変えている。つまり，「日本語」は（そして他のどのような「○○語」も）「一枚岩」ではないのである。

　言語学が提供する標準的な体系としての言語についての知見，そして社会言語学が提供する人々が日常生活で実際に使っていることばについての知見は，いずれも互いに補い合う重要不可欠なものである。

2. ことばのバリエーションと使い分け

　社会の中で実際に使われていることばを研究対象とする社会言語学の前提は，「同じ言語の話者でも人によって異なることばを話す。また，同じ話者でも時によって異なることばを話す」ということである。すなわち，「同じ言語の中にも**バリエーション**があり，一人の話者の中でも**ことばの使い分け**がある」ということである。

ことばのバリエーション（1）：属性と集団語

　言語におけるバリエーションとしてまず思いつくのは，出身地によることばの違い，すなわち**方言**であろう。また，いつの時代も中高年層によって「若者ことば」が批判的に語られることから分かるように，年齢層によっても使う語彙や言いまわし，発音などが異なる。加えて，男女差もある。多くの言語で話し手の性別によって話し方に何らかの違いが

あるが，特に日本語では男ことば，女ことばと呼ばれるものがある。

こうした話し手によることばのバリエーションを論じる上では，**属性**という概念が重要である。属性とは，一般には性質や特徴のことであるが，社会言語学では人（話し手）がどのような集団に属しているかということで属性を考える。人が属する大きな集団としては，出身地域による集団（日本人，長野県出身者など），年齢層や性別による集団がある。前述の**地域差**などのことばの違いは，こうしたマクロな集団のどれに属するかということと関係した違いと言える。

出身や性別など必然的にどこかに属することになる集団に加え，人はさらに大小さまざまな集団にも属している。たとえばＡさんという人が△△という企業の社員であり，○○大学の同窓生であると同時に，趣味のサークルにも属している，といったようなことである。

大小の違いはあれ，どの集団も多かれ少なかれ独自のことば，すなわち**集団語**をもっている。集団語は，集団の成員が活動や経験を共にする中で生まれる独自の語彙やことばの使い方である。方言ほどことばの体系全体に関わる違いはなくても，職業集団内の隠語（演劇関係者が舞台のことを「板」と言うなど）や大学ごとにある「キャンパスことば」，家族の中だけで通じるテレビのリモコンの呼び方など，各々の集団がその成員間だけで使われ，理解されるような単語を持っている。集団語は，成員の一体感や**アイデンティティ**を強化することに役立つが，その一方で集団の外にいる人々，すなわち，そのことばを共有しない人々との間の壁にもなり得る。

個々人がさまざまな属性をもつ（さまざまな集団に属している）ということは，社会の中には大小さまざまな集団が数多く存在するということに他ならない。そしてそこでことばが生まれたり，独自に変化したりすることが，言語のバリエーションを促進する１つの大きな要因となっ

ている。

ことばのバリエーション（2）：敬語

　日本語の話し手にとって，「異なることば」で思い浮かぶもう1つの側面は，**敬語**の使用・不使用であろう。韓国語の敬語やフランス語の vous と tu，ドイツ語の Sie と du の区別にも見られるように，丁寧なあらたまった話し方と気のおけない話し方の体系的な形式をもつ言語はいくつもある。それらの言語と同じく，日本語でも何かを言おうとすれば，デス・マスを使うかどうか，場合によってはゴザイマスを使うか，などの選択にまずは迫られることになる。

　属性によるバリエーションと異なり，敬語は日本語の話し手であればだれもが一応ことばのレパートリーとしてもっていて，丁寧さのレベルを調節しながら場面に応じて使っているものである。ただし，敬語は幼い頃から使いこなしているわけではなく，成長し社会経験を積む中で段々に身につけていく。したがって，同じ日本語母語話者の中でも年齢によって，あるいは敬語使用の経験や環境によって，使いこなす能力に違いがあり得る要素だと言える[1]。

人はなぜことばを使い分けるのか

　日常，自分はどのようにことばを使い分けているかと考えてみた時，多くの人の頭にまず浮かぶのは，敬語を使うかどうか，または方言で話すかどうかということではないだろうか。前述の集団語のような仲間内の言い回しを使うか避けるかという判断もあるだろう。では，そうした**使い分け**や**選択**に際して，私たちはどのようなことに配慮しているのだろうか。

　ことばの使い分けに大きな影響を及ぼすのは，**誰と話すのか**，**どのよ**

---

[1] 母語話者でも幼児期にはもっておらず，学校教育などを通して身につけていく能力には，他に文字（特に漢字）や書きことばが挙げられる。

うな場面で話すのかということであろう。敬語の使用には，相手との**親疎・上下**などの関係が関わっている。また，2人でランチを食べている時には「タメ口」で話す同僚に対しても，公式な会議の場ではあらたまった物言いをしたりする。方言についても，相手が同郷の人か，気のおけない間柄か，あるいはその場の雰囲気がリラックスしたものかといったことが，使用の選択を左右する。相手について考える場合には，自分との関係だけでなく，相手が分かる，あるいは受け入れやすいことばで話すということも当然ながら配慮され，方言や専門用語，若者ことばなどを使うかどうかの判断に関わってくる。

　ことばの使い分けには，相手や場面状況に対する認識と分かちがたく結びついているもう1つの要因がある。それは，話し手自身の「今ここで自分は何者として話しているか」という**アイデンティティの認識**である。前述のように，人は誰でもさまざまな属性や他者との関係性，活動の場をもち，それに応じた多様な話し方をレパートリーとして備えている。同じ女性でも，近所の奥さんと立ち話をする時，職場の会議で発言する時，PTAの集まりで子どもの担任と話す時では，それぞれの場面で自分が何者として，どのように相手や話の内容と関わっていこうとするかによって，ことばづかいや話し方を変えるはずである。

　このように，ことばの使い分けが行われる背景には，相手や場面への認識や配慮，およびそれらに対する自分のアイデンティティがある。個々の話し手が蓄えていくことばのレパートリーも，日々実践している言語使用も，社会との関係に裏打ちされているのである。

3．ことばと属性：地域差，世代差，男女差

　ここで，再びことばのバリエーションに話を戻そう。以下では，主要な属性と言われる**出身地域，世代，性別**によることばの違いについて，

社会言語学での研究例もまじえて概観していく。

ことばの地域差

　方言研究は，社会言語学の伝統的な研究分野である。ことばの**地域差**が一目で分かるように示したものに**言語地図**がある。国立国語研究所の『日本言語地図』(1966 – 1974)，『方言文法全国地図』(1989 – 2006) を始めとして，数々の調査による言語地図やそれらに基づく分析の知見が蓄積されている。言語地図は，あることを言い表すのにどのような単語や表現が用いられているかを各地で調査し，その結果を地図上に記号などで示し，視覚化したものである[2]。言語地図をもとに，方言の分布や方言区画，ことばの伝播の歴史やパターンなどの研究が行われている。

　伝統的な方言研究は，音声，アクセント，単語や文法形式の調査・分析が主であった。しかし，近年ではそれにとどまらず，イントネーション，オノマトペ（擬音語・擬態語）や応答詞，言語行動，談話展開の仕方など，言語使用やコミュニケーションの多様な側面について地域差の研究がなされている。また，東日本大震災以降，方言をめぐるさまざまな課題が取り上げられ，社会生活と直接に関わる取り組みが方言研究者たちを中心になされている。これについては，本章の4節であらためて述べることにする。

ことばの世代差

　ことばの**世代差**の例としては，まず**若者ことば**が挙げられる。若年層の集団語としての若者ことばは，中高年層からは批判されることも多いが，いつの時代にも新たな表現を生み出している。しばらく前の「チョベリバ」（「超 very bad」の略）や，最近の「ディスる」（「disrespect」から来たもので，人を軽蔑する，馬鹿にするなどの意）など，英語由来

2）巻末の文献リストに，国立国語研究所の言語地図の画像データの URL を示す。

の略語や動詞も少なくない。また，ツイッター語やネットスラングと呼ばれる，SNS（ソーシャル・ネットワーキング・サービス）の急激な普及とともに生まれた語も増えている。

中高年層には若者ほど特徴的なことばは見られないが，尾崎（2014）が「(雨が)よく降りますなあ」といった表現に着目している。そして，全体に使用はさほど多くないものの，40代以降で男性の使用者率が上がっている調査結果を報告し，「おじさんことば」と呼んでいる。

ことばの意識に関する世代差についても見てみよう。国立国語研究所は1953年，1972年，2008年の3回にわたって愛知県岡崎市で敬語と敬語意識に関する調査を行ったが，その中に，ある文の中に敬語が含まれていると思うかどうかを問う質問がある。図13-1は，「ここにあります」という文の中に敬語があるとした回答者の世代別割合を，第一次～第三次岡崎調査の結果をもとにまとめたものである（熊谷 2011）。

「あります」の「ます」は丁寧語で敬語の一種ということになるが，敬語だと指摘した率は，図13-1を見ると回答者の年齢層や調査時期にかかわらず20％前後と低い。しかし，2008年の第三次調査の10代・20代

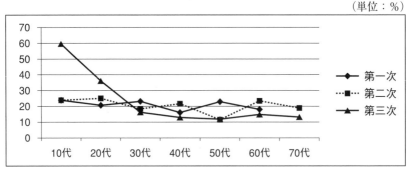

図13-1 「ここにあります」における敬語の世代別指摘率
（熊谷2011, p.20より転載）

のみ，指摘率が目立って高くなっている。デス・マスに対する意識に，若年層と上の世代との間で差が生じたのである。ただ，残念なことに第三次岡崎調査では10代の回答者数が少なかったため，筆者が2009年と2010年に都内の男女大学生にアンケート調査[3]を行ったところ，敬語指摘率はそれぞれ64.2％，74.4％と，やはり高かった（熊谷 2011）。

　これらの結果については，若年層の方が学校の国語の授業で「丁寧語は敬語」と学んだことが記憶に新しいという理由もあり得るが，それ以上に，日頃自分が使う敬語表現のレパートリーとの関係が考えられる。時にはゴザイマスや尊敬語・謙譲語も多用する30代以上の社会人世代にとって，家族や友人と話す時を除けばデス・マスは普通の，いわば「無色」の話し方である。一方，若年層の言語生活が数十年前に比べて変化し，学校の先生や周囲の大人に対してもくだけた話し方が増えている中，デス・マスは「タメ口」と一線を画す「丁寧な話し方」となる。そうした日常の言語使用に起因する感覚の違いが，デス・マスへの意識の世代差に影響を与えていると思われる。

ことばの男女差

　日本語は，他の言語と比べてことばの**男女差**が大きいと言われている。**男ことば**，**女ことば**と呼ばれるものがあり，一人称代名詞や終助詞，イントネーションなどで区別される。英語の小説では，"She/He said,"などの説明的描写が入らないと発話者の性別が特定できないが，日本語ならば以下のような例でも一目瞭然，とはよく言われることである。

(1)「あら，今日は早かったのね」
　　「ああ，会議が早く終わったんだ」

---

[3] 調査対象者数は，2009年が81名，2010年が125名であった。

ただ，近年は特に若年層を中心にことばづかいの男女差がなくなりつつある。岡本（2010）は女子大生の友人同士と中年女性の友人同士の会話を比較して，女子大生の方が女性形の文末形式や話題の人物への素材敬語の使用が少なかったと報告している。また，ことばの男女差の減少については，1997年に行われた20～60代の東京都在住者への調査から，若い年齢層ほど「（男女の）区別がなくてかまわない」という意見が優勢となっているという報告がある（尾崎 2004）。

男女のことばでは，研究テーマとして取り上げられるのは格段に女ことばの方が多い。それは単なる言語学的な事象としてというより，社会的・文化的なジェンダー論との関わりにおいて論じられるためである。日本に限らず，欧米においても，女性のことばは言語形式にとどまらず，丁寧表現・婉曲(えんきょく)表現の多さや言語行動の仕方など，話し方全般が男性との比較に基づいて研究されている。多くの文化・社会において，女性の話し方やふるまいに対する規範や期待は男性に対するそれよりも強く明確であり，規範の逸脱は否定的評価（「女らしくない」「乱暴だ」など）を誘発しやすい。岡本（2010）は，女性が女ことばに限定されない多様な話し方をすることによって，社会生活のさまざまな場面で多様なアイデンティティを構築し得ることについても論じている。女ことばは，ことば，人（話し手）のあり方，そして両者をとりまくコミュニティ（社会）という三者の関係を深く考える上での非常に興味深いテーマと言える。

4. 社会との関係に見ることばのバリエーション

本節では，ことばのバリエーションが社会の動きや人々の生活とどのように関わっているかということを考える。以下では，災害と方言，そして「役割語」について取り上げる。

東日本大震災と方言

　2011年3月に発生した東日本大震災は，津波や放射能汚染などの被害に加え，東北の方言にも大きなダメージを与えた。被災地では多くの命が失われ，また数多くの被災者が県外に出ていくことを余儀なくされた。これは方言にとって何を意味するだろうか。

　言語を継承する使い手がいなくなること，それが**言語の「死」**を意味する。方言も同様である。方言話者が減り，県外に流出することで，その地域の方言は危機的状況に陥る。他の地域に散逸してしまった話し手たちは，地元で暮らしていた時のように方言を使えない。県外での暮らしが長引くにつれて，方言が失われ，子どもたちにも継承されないままになっていく可能性は高い。

　震災のすぐ後から，方言研究者たちは被災地の方言の保存に向けて力を尽くしている。**危機に瀕した方言**の特定，既存のものも含めた資料の収集と保存，方言を伝えていくための学習素材作り，方言に触れる場の創成など，ことばを守る取り組みが続いている（大野・小林編 2015）。

　次に，東日本大震災後の復興・支援における東北方言について考えてみよう。集団語は，成員のアイデンティティや一体感を強める一方で，その語を共有しない人々との間に壁を作ると2節で述べたが，東北方言もまさにこの2つの方向で大きな影響力を及ぼしている。

　東日本大震災の復興スローガンには，「がんばっぺ！福島」のように方言を使ったものが見られ，ポスターやステッカーなどの形で多くの人の目にふれている。共通語の「がんばろう」よりも「がんばっぺ」「がんばっぺし」などの方言形の方が被災地の人々の心に届きやすく，また郷土への思いや一体感を高めることにも役立っている。これは，方言がその話し手たちに働きかけ，力づけることにつながる例である。

　その一方で，方言が人々のコミュニケーションを阻害する場合もある。

震災後，全国から医療ボランティアが被災地に赴いたが，物流や交通などと並んで大きな問題となったのは方言であった。他の地域から来た医療関係者が患者の話す方言が理解できないため，診療に支障が起きたのである。自分の話が通じないことに対する患者側のいらだちや不安，現地の看護師などの「通訳」なしには意思疎通が成立しないことへの医療関係者の無力感は，深刻であった。

　この問題の解決を目指して，方言研究者たちがこれまでの知見の蓄積を生かした語彙集やパンフレットを作成している。ここでは，その中から『東北方言オノマトペ用例集』（竹田 2012）を取り上げる。**オノマトペ**とは擬音語・擬態語である。私たちは具合が悪くて症状を訴えるときに，「頭がズキズキ痛む」「胸がむかむかする」など，＜身体部位＋オノマトペ＞のパターンをよく用いる。身体語彙はもちろんのこと，オノマトペにも方言がある。例えば(2)はどのような症状の訴えだろうか。

　(2) んすそこべづぃぁ　いかいかど　いでぁ。（竹田 2012：22）

　こう言われても，それが「後頭部が　ちくちくと　痛い」の意味であるとは他地域からの医師には分からない。そこで，『東北方言オノマトペ用例集』では既存の方言集や方言辞典から東北4県の身体語彙と体調・気分を表すオノマトペを抜き出して共通語訳をつけている。サイズも，医療現場で使いやすい小型の冊子となっている。

　こうした各種の用例集やパンフレットは，支援者と被災者のコミュニケーションを助け，相互の緊張や不安を軽減する役割を果たすと考えられる。社会言語学の知見が社会に貢献する好例と言える。

役割語

　「同じ日本語でも人によって異なることばを話す」ということは，社会言語学者でもなければあまり意識的に考えないかもしれない。しかし，実は子どもでもそのことを経験的に知っていて，それに基づく認知を日常的に行っている。そのことに着目した金水（2003）は「**役割語**」という概念を提唱し，以来，役割語の研究が広く行われるようになった。
　役割語は次のように定義される。

> ある特定の言葉づかい（語彙・語法・言い回し・イントネーション等）を聞くと特定の人物像（年齢，性別，職業，階層，時代，容姿・風貌，性格等）を思い浮かべることができるとき，あるいはある特定の人物像を提示されると，その人物がいかにも使用しそうな言葉づかいを思い浮かべることができるとき，その言葉づかいを「役割語」と呼ぶ。（金水 2003：205）

　「わしが知っておる」「おまえの言うとおりじゃ」といった＜博士語＞＜老人語＞，「あたくしは嫌ですわ」「ホホホ（笑い声）」といった＜お嬢様ことば＞など，誰もがなるほどと思うような話し方が，役割語の例である。特定の人物像（キャラクター）と特徴あることばづかいの間に一定の結びつきがあることは，日本語の中にバリエーションがあることをまさに基盤としている。また，それが日本語を話す人々に共有されている[4]というのも非常に興味深いことである。
　ただし，役割語は**ヴァーチャル（仮想現実的）**なことばである。「わしは〜じゃ」と話す老人や博士は身の周りにはまずいない。また，宇宙人に出会ったことがないにもかかわらず，「宇宙人の話し方」というと多くの人がビブラートのかかった声と「ワレワレワ地球ヲ征服シニキ

4）他の言語でも役割語は存在し，それがその言語の話者に共有されている。

タ」というセリフをすぐに思い浮かべる。役割語は，ヴァーチャルな**文化的ステレオタイプ**なのである。

では私たちはなぜ，その概念が提唱される前から，役割語を無意識のうちに共有していたのだろうか。金水（2003）は，人が幼少期から受ける影響，すなわち昔話や絵本，漫画，アニメ，ドラマの類には役割語が豊富に含まれており，それらをくり返し受容することで文化的ステレオタイプが刷り込まれていくと述べている。その結果，役割語によって分かりやすく人物像が表現され，それが容易に理解される。

金水（2003）は同時に，ステレオタイプとしての役割語のマイナス面も指摘している。1つは，「役割語の知識が本当の日本語の多様性や豊かさを覆い隠し，その可能性を貧しいものにしている」ということ，そしてもう1つは，「役割語の使用の中に，偏見や差別が忍び込んでくる」（ともに p.203）ということである。後者については，中国人キャラクターの〈アルヨことば〉が中国の人々に対する戦前の偏見と結びついていたことが指摘されている。

このように見てくると，役割語は，幼少時から私たちが慣れ親しんでいる共通のことばの知識であると同時に，日本語のバリエーション，話し手のアイデンティティとことばづかいの結びつき，日本語社会におけることばのステレオタイプ，そしてことばの陰にある偏見など，社会言語学的に重要な問題をいくつも含んでいると言うことができる。

引用文献

大野眞男・小林隆編（2015）『方言を伝える　3・11東日本大震災被災地における取り組み』ひつじ書房

岡本成子（2010）「若い女性の「男ことば」―言葉づかいとアイデンティティ」中村桃子編『ジェンダーで学ぶ言語学』世界思想社

尾崎喜光（2004）「日本語の男女差の現状と評価意識」『日本語学』第23巻第7号，pp.48-55.

尾崎喜光（2014）「中間世代のことば」『日本語学』第33巻第1号，pp.6-16.

金水敏（2003）『ヴァーチャル日本語　役割語の謎』岩波書店

熊谷智子（2011）「敬語のイメージの世代差―大学生の「です・ます」への意識を中心に―」『待遇コミュニケーション研究』第8号，pp.17-32.

国立国語研究所（1966-1974）『日本言語地図　第1集』～『同　第6集』大蔵省印刷局
　　https://www.ninjal.ac.jp/publication/catalogue/laj_map/

国立国語研究所（1989-2006）『方言文法全国地図　第1集』～『同　第6集』大蔵省印刷局・財務省印刷局・国立印刷局
　　https://www.ninjal.ac.jp/publication/catalogue/gaj_map/

竹田晃子（2012）『東北方言オノマトペ用例集―青森県・岩手県・宮城県・福島県―』国立国語研究所
　　https://www.ninjal.ac.jp/pages/onomatopoeia/

参考文献

木部暢子・竹田晃子・田中ゆかり・日高水穂・三井はるみ編著（2013）『方言学入門』三省堂

小林隆・篠崎晃一編（2010）『方言の発見―知られざる地域差を知る』ひつじ書房

日比谷潤子編著（2012）『はじめて学ぶ社会言語学―ことばのバリエーションを考える14章』ミネルヴァ書房

米川明彦（1998）『若者語を科学する』明治書院

14 | 社会言語学②
―ことばの変化，ことばへの意識―

熊谷智子

《目標＆ポイント》 言語はなぜ変化するのか。ここでは主に言語変化の社会的な要因を取り上げ，成長や加齢に伴って起こる個人内のことばの変化についても考える。また，言語使用に影響を与える話し手たちの意識の各種を紹介し，言語意識が言語変化を起こす例について見ていく。
《キーワード》 言語変化，言語意識，評価，志向，規範

1. 言語変化を引き起こす諸要因

　ことばは時の流れとともに変化する。古文の授業で格闘した平安時代の文章はもとより，数十年前の映画を観ても，登場人物のことばや話し方が今とは違う点は容易に見つかる。
　言語変化は，発音，語彙，文法など言語のさまざまなレベルで起こる。それまでなかった（少なかった）言い方が使われるようになったり，それまで使われていた言い方が使われなくなったりする。その変化は一定の集団内でとどまる場合もあれば，一部の人々から全体に広まっていく場合もある。また，現れて短期間で消えていくこともあれば，長く続いて定着することもある。
　言語はどのような要因で変化するのだろうか。エイチソン（1994）は，言語変化を引き起こす要因は，言語の体系内にも，言語の外の社会にも存在するとしている。言語内にもともと変化への準備が存在しており，

それが流行，他言語の影響，社会的必要性などの**社会的要因**によって誘発される傾向があるというのである。ここでは言語変化の直接の引き金となり得る社会的要因について考えてみよう。

流行

　服装の流行と同じように，ことばにも**新語**や**流行語**がある。これらのことばは短期間で消え去ることもあれば，一般的な語彙として定着することもある。「Jリーグ」や「マニフェスト」も，もとは新語・流行語として登場したものであった。

　若者ことばもある種の流行語と言える。いつの時代も若い世代は，よりインパクトのある仲間内の言い回しを求めて次々と斬新な表現を生み出す。中高年層からは「**ことばの乱れ**」と批判されることが多いが，言語学的に見れば「乱れ」ではなく「変化」である。中には「ら抜きことば」（「着れる」など）のように，しばらく前には若者ことばと言われていたが，徐々に上の世代にも広まっているものもある。

　ただし，「ら抜き」の形式は若者たちが突如考えついたものではなく，もともと日本語に存在していたものである。エイチソン（1994）は，言語変化はそれまで全くなかった異質なものが突如現れるというより，既に言語体系内に存在していた要素が何らかのきっかけで顕在化するとしているが，「ら抜きことば」などもその例と言えよう。

他言語（他方言）との接触

　異なることばの接触も，言語変化の重要な要因である。同じ言語内でも，異なる方言が接触する[1]地域では変化が起きる。例えば，料理などの塩気が強いことを東日本では「ショッパイ」，西日本では「カライ」と言うが，それらが接する地域では両者の混交形と考えられる「ショッ

1）方言（ことば）の接触は，当然ながらそれを話す人同士の接触を意味する。

カライ」「ショッパライ」という語が見られる（真田ほか 1992）。

　外国語との接触による変化の典型例は，**外来語**の摂取である。中国語から入った漢語，欧米語由来のものに代表されるカタカナ表記の外来語と，日本語は古くから多くの語を外国語から取り入れている。一方，日本語の単語が外国語に取り入れられる場合は，（日本語側から見て）**外行語**と呼ばれる。スシ，カラオケ，カワイイなどがその例である。外来語が取り入れられる背景には，外来の事物や概念を言い表すという実際的な目的だけでなく，しゃれた感じを表せる，知的な感じがする（国立国語研究所「外来語」委員会編2006）などといった使い手の意識も作用している。言語変化には複数の要因が関わっていることが多いのである。

　外来語は，発音の面でも言語に影響を与える。外来語自体の発音が取り入れ側の言語の音韻体系に合わせて変化させられる（例えば英語の「strike」と日本語の「ストライク」では子音の発音も音節数も異なるなど）という面もあるが，それだけでなく，外来語を取り入れることで取り入れ側の言語にも新たな発音がもたらされ得る。日本語では，中国語の単語とともに拗音（「きゃ」「みょ」など，「ゃ」「ゅ」「ょ」の付く音）が，英語などの単語とともに「ファ」「ティ」「ドゥ」などの音が，日常使われる発音として加わった。

社会的必要性

　社会の変化が言語変化を引き起こすこともある。まず，外来語の摂取とも通じることだが，近年のインターネット関連用語の増加に見られるように，新たな技術の発達や事物の登場によって，それに関連した語が生まれることは多い。その一方で，生活の中で使われなくなった物の名称などは，使用語彙から徐々に消えていく。

　人々の社会生活の変化も言語に影響を与える。前章でもふれたが，日

本語では話し方の男女差が縮まっている。1つの理由に，女性の社会進出に伴って男女の職種の差が減り，仕事の場で男ことばでも女ことばでもない中立的なことばで話す機会や必要性が増えたことが考えられる。ただし，それだけでは高校生や大学生などまだ社会に出ていない若年層にことばの男女差がほとんどないことは説明できない。そこには，女性らしさ，男性らしさを示すことに対する価値観の変化，それに伴うことばづかいへの意識も関わっているであろう。ここでも，言語変化の背景に複数の要因の存在が垣間見える。

　言語，社会，そして社会の成員である話し手たちという三者は，常に緊密な関係にある。社会に変化が起これば人々の生活や言語にも影響が及ぶ。また，人々の価値観や生き方は社会の変化にも言語の変化にもつながる。それでは言語は人々や社会に影響を及ぼすだろうか。「イクメン」という語を考えてみよう。「イクメン」は「イケメン」をもじったもので，育児を積極的に楽しんで行う男性を指す語である。この語が肯定的に受け入れられて流行したことで，育児に関わることに対する男性自身の意欲向上や社会変化（男性の育児参加を支援する企業の体制づくりなど）が促進された面がある。このように，**言語と社会，そして人々は，互いに関わり合い，影響を与え合っている**。

2. 個人の中での言語変化

　前節では社会の中で起きる言語変化について見たが，本節では**話し手個人の中で起きる言語変化**を考えてみよう。成長や加齢など，年を重ねる中で起きてくるような変化である。

　同じ話し手なのにことばが変化するというのは，不思議な感じがするかもしれない。しかし，自身のことを振り返ってみてほしい。たとえば敬語である。小学校に入る前，家族や友達，幼稚園の先生と話す時，デ

ス・マスは使っていなかったのではないか。しかし、小学校ではデス・マスを使うことを教えられ、中学や高校に入ればクラブ活動の先輩などに尊敬語や謙譲語も使う機会が増えたはずだ。そして社会に出ればさらにあらたまったことばの使用も加わる。こうした変化は、前章の3節で見たデス・マスへの意識の個人内変化にも結びつくと考えられる。

　自称詞「わたくし」「あたし」「僕」「おれ」などの使い方も変化していく。国立国語研究所（2002）は、東京の男子中学生は主に「おれ」と「僕」を使い、「おれ」は友達や家族などに、「僕」は校長先生や来客などに用いられると報告している。つまり、男子中学生にとって「僕」はあらたまった自称詞と言える。しかし、その男子中学生が30年後、40代の会社員になった時にはどうだろうか。おそらく、「わたし」「わたくし」なども日常のレパートリーに加わり、その中で「僕」の位置づけはくだけた方に動いているのではないだろうか。

　前章3節で、一定の年齢層の男性に使用が増える「おじさんことば」を紹介したが、尾崎（2014）は「親ことば」（「〜てごらん」「〜ておいで」「〜なさい」など）と呼ぶものにも言及している。誰かの保護者的立場になる年齢層から使用が増えやすいことばということであろう。

　これらの例が示すように、**個人内の経年的言語変化は、レパートリーが広がる方向での変化**と言うことができる。子どもが成長し、学生から社会人になり、家族の中での立場が変わり、社会経験を積んでいく中で、人はさまざまな対人関係や活動の場、そしてそれに応じた多様なアイデンティティを獲得していく。アイデンティティとともに、その人が使い分けることばも多様になっていく。若い頃に使っていた若者ことばを加齢とともに使わなくなるなど、レパートリーから消えていくことばもあろうが、多くの場合は言語使用の「引き出し」の中に蓄積され、必要に応じて使い分けられるのである。

人がどのようなアイデンティティのもとで,すなわち「何者として」話すかは,どのようなことばを使うかという選択と不可分である。その選択に強い影響を及ぼすのは,話し手が個々のことばや話し方に対してもつ評価や期待などの意識であろう。次節では,人々がことばに対してもっている意識について見ていく。

3. 言語意識

言語は,私たちの社会生活や対人関係の構築にとって非常に重要である。それだけに,私たちは言語に対して,こうあるべきだ,こういう言語能力を持ちたいなど,さまざまな思い(**言語意識**)をいだいている。

言語意識は,個人や集団の価値観や社会観を反映しつつ,しばしば言語変化の方向にも影響を及ぼすため,社会言語学で数多くの調査がなされてきた。ここでは,真田ほか(1992)を参考に,**評価**,**現状認識**,**志向**,**信念**,**規範**という5つの面から言語意識の具体例を紹介していく。

評価

言語や言語行動[2]の仕方についての**評価や感覚の意識**である。例えば,フランス語の発音は美しいと思う,「ふるさと」ということばが好きだ,人に物をあげるときに「つまらない物ですが」と言うのは謙虚でいい/卑屈な感じがして嫌だ,などといった評価的感覚である。

各地の方言に対するイメージについて,田中(2011)は首都圏の大学生を対象に2007年に行った調査の結果を報告している。14種類のイメージ語を提示し,そのイメージに当てはまる方言を都道府県名のリストから選んでもらったところ,東京=「つまらない,冷たい」,京都=「かわいい,女らしい,洗練されている」,大阪=「おもしろい,かっこい

---

2) 言語行動は,挨拶,依頼,謝罪など,ことばによる人への働きかけである。第9章の語用論で述べられた発話行為(言語行為)論が理論構築を中心とするのに対し,社会言語学では実際の言語データに基づいて種々の言語行動がどのように行われているかという傾向を見る。

い，怖い」，沖縄＝「あたたかい，やさしい」を20％以上の大学生が選択したということである。

言語への評価は，自分の使うことばに対しても，他者の使うことばに対しても行われる。若者ことばを「乱れ」と呼ぶことの基底には，否定的な評価がある。肯定的あるいは否定的な評価が，後述の志向や信念としての意識につながっていく場合も多い。

現状認識

自分（または周りの人々）は**普段このようにことばを使っている，という認識**である。例えば，「体育」を「タイイク」でなく「タイク」と発音しているか，東京出身の友人に自分の出身地域の方言を使うことがあるか，などといったことについての意識がこれにあたる。

文化庁が毎年行っている「国語に関する世論調査」[3]には，言語使用の現状認識に関する質問がよく見られる。例えば，平成17年度，22年度，27年度の調査に，(1)に示す言い方のうち普通どちらを使うかという質問がある。回答の選択肢は，(1)のどちらかに加え，「どちらも使う」「わからない」である。

(1)朝5時に来られますか／朝5時に来れますか

使用が広まってきた「ら抜きことば」に関する結果は，平成17年度調査では「来られますか」が52.7％，「来れますか」が35.4％であったが，平成22年度では「来られますか」が47.9％，「来れますか」が43.2％，平成27年度では「来られますか」が45.4％，「来れますか」が44.1％であり，特に平成17年度と22年度の間で両者の差が縮まっている。また，いずれの回の調査でも若い世代の方が「来れますか」を使用すると回答した人

3）各年度の「国語に関する世論調査」の概要や調査項目，結果については，巻末の文献リストに示す文化庁のサイトから閲覧できる。

の割合が高かった。

　社会言語学的調査では「こんな時に何と言いますか」式の現状認識を問う質問が多いが，それはあくまで「意識」であって「実態」ではないことには留意が必要である。「ことばの調査」の場では，やや優等生的な回答をする人もいるだろう。しかし，自然発話を録音・録画するタイプの調査は個別の状況の影響が大きく，ケース・スタディにならざるを得ない。この点を鑑み，同じ言語現象について多数の傾向を見ようとする社会言語学では意識調査データの意義が高く評価されている。

志向

　志向とは，**言語使用についてこうしたい／したくない，他者からこうしてもらいたい／もらいたくないという意識**である。例えば，お礼を言うなら「すみません」でなく「ありがとう」と言いたい，担任の先生から名字の呼び捨てで呼ばれたくない，といったことである。

　国立国語研究所は，平成18年度に「国語力」観に関する全国調査を実施し，満15歳以上の男女1,418名から回答を得た（国立国語研究所 2006）。その中で，「毎日の生活の中で，言葉や言葉の使い方について，こんなことをしたい，あるいはできるようになりたいと思うのはどんなことですか。」と質問し，選択肢群から3つまで選択可能という形で回答を得ている。その結果，4人に1人以上が選択したのは＜きちんと文章を書く＞＜上手に話して説明や発表をする＞＜文章を読んで的確に理解する＞＜説明を聞いて的確に理解する＞といった書きことば・話しことばによる発信・受信の基本に関わるもの，および，＜よい人間関係を作りたい＞＜適切に言葉を使い分けたい＞といったコミュニケーション能力に関わるものに分けられた。それらに比べ，漢字や語句の知識，敬語運用能力などへの志向はやや弱かった。

ことばに対する志向は、同じ日本人でも性別や年齢、職業などによって異なり得る。各人の属性や生活パターンによって、言語使用のどのような面に関心が向き、どのような必要性を感じるかはさまざまである。

信念

言語使用や言語行動について、**こうあってしかるべきという期待や信条**がここに分類される。たとえば、外来語の急増を「ことばの乱れ」として嘆く意見の背景には、外国語由来の単語に頼らず、もともと日本語にあることばを大切にするべきだという信念があると考えられる。

中でも、日本人が「べき論」をいだきやすいのは、敬語に関してではないだろうか。敬語は日本語社会において人間関係のあり方を調整する重要なものだからである。前章でも取り上げた国立国語研究所の岡崎調査では、家庭内での年長者や目上の人への敬語使用について意見を聞いている。第一次～第三次調査の回答結果を**図14-1**にまとめた。

第一次調査（1953年）では「（敬語を）使うべきだ」が44.5％と最も多かったが、第二次（1972年）では20.0％、第三次（2008年）では8.8％と毎回半分以下に減っている。「使わなくてもいい」は第二次調査で大

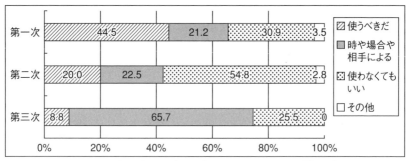

図14-1　家の中での年長の人や目上の人への敬語使用

きく増加し，第三次で大きく減っている。それらに対して第三次調査で著しいのは，「時や場合や相手による」である。社会の変化に伴う対人意識や価値観の変化につれて，家族でも年長や目上の人には敬語を使うべきという考え方が少なくなる一方で，2000年代に入って顕著なのは，一律的な使用・不使用でなく，場合による使い分けへの意識である。

規範

　規範は，**正しさや適切さに関する判断の意識**で，発音，表現の意味，文法，敬語，文字表記，言語行動など言語のあらゆる面に及ぶ。正しさや適切さについては，同じ言語を母語とする人の間ではさほど意見は違わないと思われがちだが，実際にはそうとは限らない。たとえば，＜「ガッコウ（学校）」と「ショウガッコウ（小学校）」の「ガ」は同じではなく，後者はガ行鼻濁音と呼ばれる鼻に抜ける発音が正しい＞と考える人もいれば，考えない人もいる。これは地域差や世代差とも関わっているが，規範意識も一枚岩ではないという例である。

　規範意識の分かれる例をさらに見てみよう。平成24年度の「国語に関する世論調査」では，「役不足（例文：彼には役不足の仕事だ）」ということばの意味を問うている。その結果，「（ア）本人の力量に対して役目が重すぎること」が51.0％，「（イ）本人の力量に対して役目が軽すぎること」が41.6％と，正反対の意味に回答が分かれた。ちなみに，辞書等で本来の意味とされているのは（イ）の方である。

　また，「教科書的な適切さ」と人々の意識がくい違う場合もある。「国語に関する世論調査」では，平成7年度，15年度，25年度の3回にわたって「先生がおっしゃられたように」という言い方が気になるかどうかを質問している。「気になる」の回答率は，調査の古い順から24.5％，28.2％，28.1％と，変わらず低い。この言い方は，尊敬語の「おっしゃ

る」に尊敬の助動詞「れる」が加わったいわゆる二重敬語で，適切でないとされるものであるが，実際には日常よく使われるせいか，多くの人が聞いても（見ても）違和感を覚えないようである。

「役不足」や二重敬語の例は，正しいことばの知識をもつ人が多くないと言いたくて挙げたのではない。ことばの意味や使い方は，教科書的ルールが決定するのでなく，人々がどう使うかで決まっていく。「役不足」を従来とは異なる意味で理解し使用する人が増え，いつか圧倒的多数を占めるようになれば，その時には「役不足」の意味は「力量に対して役目が重すぎること」に変わるであろう。その意味では，人々が何を正しく適切だと意識しているかを調べることは，言語の中で変化しつつある部分を見つけ出すことにもつながる。

4. 言語意識と言語変化

前節の最後で，**規範意識の多様化や動きを調べることが言語変化の予測につながる**と述べたが，これは規範に限らず，評価や志向などの言語意識でも同様である。ことばについて人々が何を思い，どのようにことばを使いたいと思うかが，ことばの姿に影響を与えていく。本節では，**話し手たちの意識が言語変化のきっかけとなった例**をもとに，言語，社会，人の三者間の関係をあらためて考えていきたい。

社会的威信：ニューヨークにおけるrの発音

20世紀の初期，ニューヨークでは bear や card などの単語の r の発音がなされていなかった。ところが，1940年代以降，米国の他の多くの地域に倣い，ニューヨークでも r の発音が増加し始めた。

こうした変化に着目した社会言語学者ラボフは，言語の「**ゆれ**」[4] は進行中の変化を示すものだと考えた（Labov 1972）。ラボフは，個々人

---

[4] 同じ言語要素について異なる発音や表記，語形などが人によって，あるいは同じ個人内で複数行われている状態を指す。たとえば，「ひとり」と書くか「一人」と書くか，「読ませる」と言うか「読まさせる」と言うかなどである。

の発音にrが現れるかどうかは偶然の問題ではなく，**社会階層**と関係していると考え，ニューヨークの高級・中流・庶民派の3種類のデパートで計264名の店員の発話を調査した。デパートの女性販売員は，客の社会階層が比較的高い場合には客の話し方などを真似るという既存の知見に基づいたものである。調査方法は，客を装って「4階（fourth floor）」が答えとなるような質問をすることであった。

　調査の結果，高級なデパートほど販売員の発音にr挿入率が高いこと，高級デパートでも混み合った地階より広々としたフロアで高額商品を扱う上の階の方がr挿入率が高いことが分かった。社会階層が言語使用の違いと関係していることが検証されたのである。加えて，調査では販売員が答えた後，聞き返して再度答えを言ってもらい，最初のものより明確で念入りな2度目の発音を引き出した。2回の発音を比べたところ，最も庶民派のデパートでは2度目でr挿入率が他に比べてかなり高くなっており，初回の発音では挿入率が低くても，rの発音が望ましいものであるという意識を共有する店員もいることが示された。

　この調査，およびさまざまな社会階層，年齢，性，人種の対象者への別の調査の結果をもとに，ラボフはニューヨークのrの発音が社会階層が上の人々により多いこと，またその「社会的に高い威信（**顕在的威信**）のある」発音を下の階層の人々（特に女性）が意識的な話し方において取り入れる中で変化が進行していることを指摘した。

島の伝統とアイデンティティ：マーサズ・ヴィニヤードの二重母音

　もう1つ，ラボフの研究を挙げよう。舞台は，米国東海岸の沖合3マイルにあるマーサズ・ヴィニヤードという島である。かつては捕鯨が盛んであったが，1970年頃には漁業専従者は少なくなっており，夏に島民人口の7倍にものぼる観光客を本土から受け入れていた。

そんな島で，ラボフは自身の予備調査と30年前（1940年頃）の言語調査記録との比較をもとに，ある変化が進行中であることに気づいた。それは，二重母音をめぐる変化で，houseやoutなどの［au］が［əu］に，nightやlikeなどの［ai］が［əi］に変化しているというものであった。調査の結果，ラボフはその変化が島の漁業の中心地域に住む31～45歳の漁民に多いことを明らかにした。

この「新たな」二重母音は，実はもともとこの島にあった発音で，一時期ほとんど消えかかっていたものがまた復活したのであった。では，なぜそのようなことが起こったのか。ラボフは，夏に訪れる大量の観光客に反発し，島の古き良き伝統と**アイデンティティ**を主張する島民が，観光客と自分たちを区別する上で，古くからの漁民の話し方であるこの二重母音を無意識のうちに真似し，強調するようになったのであろうと推測した。実際，本土に働きに行くよりも島で住み続けようと考える人々の中に，この変化はより多く見られた。こうして，「島の二重母音」を身につけた人々をさらに他の島民がモデルとすることによって，その発音が広まっていたのである。

ことば，人，社会

ここで見た2つの事例では，人々が社会の中でどのように自分を意識し，どのように自身のアイデンティティを表現して（あるいは創り出して）いこうとするかによって，時には社会的に威信のあることばに向けて，時には標準形に背を向ける形で（しかし自分たちが尊重する伝統など**潜在的威信**に向けて）言語変化が起こっていた。言語そのものに対する意識だけでなく，人が社会に対してもつ意識，自分や自分の属する集団に対する意識は，その人が使うことばに深く結びつき，ことばのありように大きな影響を与えるのである。

引用文献

エイチソン,ジーン著,若月剛訳(1994)『言語変化　進歩か,それとも衰退か』リーベル出版

尾崎喜光(2014)「中間世代のことば」『日本語学』第33巻第1号,pp. 6-16.

国立国語研究所(2002)『国立国語研究所報告118 学校の中の敬語1―アンケート調査編―』三省堂

国立国語研究所(2006)『「国語力」観に関する全国調査』内部資料

国立国語研究所「外来語」委員会編(2006)『分かりやすく伝える　外来語言い換え手引き』ぎょうせい

真田信治・渋谷勝己・陣内正敬・杉戸清樹(1992)『社会言語学』桜楓社

田中ゆかり(2011)『「方言コスプレ」の時代―ニセ関西弁から龍馬語まで』岩波書店

文化庁「国語に関する世論調査」
　http://www.bunka.go.jp/tokei_hakusho_shuppan/tokeichosa/kokugo_yoronchosa/

Labov, W. (1972) *Sociolinguistic Patterns*. Philadelphia, PA.: University of Pennsylvania Press.

15 | 心理と社会から見る人間の学

滝浦真人

《目標＆ポイント》 これまでを振り返って，「新しい言語学」の成果を俯瞰する。言語には人間の事態把握の仕方が反映されていること（認知言語学），言語習得は心理的・社会的諸能力の発達と相まって進行する複雑なプロセスであること，人がちゃんと話さなかったり馬鹿丁寧に話したりすることには理由があること（語用論），会話は参加者同士の人間関係をよく映すものであること（談話分析），人々の帰属意識や役割意識は言葉の使い方の差異として表れること（社会言語学），等々をあらためて確認する。
《キーワード》 心理と社会から見る人間の学

1. 認知と言語

　ここまで，13の章にわたって，「認知言語学」「言語習得」「語用論」「談話分析」「社会言語学」各領域の方法論と成果を学んできた。第1章であらかじめ見ておいたように，これらには共通して，言語を人間のもつ心理的能力や社会性の発現と捉える考え方がある。この最終章ではあらためて，こうした新しい言語学によって，人間のどのような能力や性質が言語に反映していると見えるのか，各章を振り返りながら浮かび上がらせる試みをしてみたい。
　第2章の冒頭で，「言語表現には人間の事態の捉え方が関わる。認知言語学の基本的な出発点は，この考え方に集約される」と書かれたとおり，認知言語学という理論は，人間が知覚する世界とそこで起こる出来

事を受け取るときの受け取り方が，言語の構造面や実際になされる表現面に反映すると考える。第5章までで取り上げられたトピックを見渡したとき，世界の捉え方のありようとして，そこには，

　　対比させて捉える／区分して捉える／置き換えて捉える／
　　まとめて捉える

と仮に呼ぶことのできる4つの方式が関わっているように思われる。こうした捉え方が言語のどこにどのように表れていただろうか？

対比させて捉える

　まず，対比させて捉えるモデルが「**図と地**」である。これは，"際立つものとその背景"ということで，山の頂上と麓のように，元々自然的にそういう関係になっていることもある。しかし，例に挙げられていた「浜」と「岸」のようにどちら側から見るかで関係が逆転してしまうことも多い。後者の場合に鍵となるのが「**視点**」である。図と地は論理的には入れ替え可能だが，それを表現しようとするとき，どこに視点を置きたいかによって表現形式が大きく変わることになる。

　例えば，何か動作などを表すのに，言語には「受身形（受動態）」というものがある。表している事態は同じなのだから，普通の表現（能動態）だけで足りそうなものだが，わざわざ受動態などという面倒な形があるのは，視点的な捉え方にとっては存在価値が大きいからである。「なぐる」と「なぐられる」の関係を例に考えよう。形の上では，より単純な能動形「XがYをなぐる」が基本だが，例えばXが「太郎」でYが話し手である場合，少なくとも日本語では，話し手自身に視点のある受身形「太郎になぐられた」が出来事の報告として自然だろう——「太郎が僕をなぐった」だと，あえて客観的に言おうとしている事情説明的なニュアンスとなる。故意に視点を操作することで表現をレトリッ

ク的にすることもできる。例えば,生け簀の魚を料理して出す店で美味しい魚を食べながら,「さっきまで水槽で泳いでたこの魚,まさか俺に食われるとは思ってなかっただろうな」と言うとすれば,突然"魚のキモチ"を言葉にしたような少々グロテスクな表現となる。

区分して捉える

　2つめの,区分して捉える方式としては,静的か動的かという区分によって助詞の「に/で」が使い分けられる例が挙げられていた。静的と動的というのは実際に止まっているか動いているかで区分されるのではないことに注意しよう。例えば,ある人が「こんな料理はフランスにはないでしょう」と言ったとして,同意できないと思った聞き手は,「いや,よく似た料理がパリでありましたよ」と言って反論することができる。ここで前者は「に」なのに対し,後者が「で」でかまわないのは,"…であるはずだ"のような知識や判断は静的なものと見なされるのに対し,"自分が実際に行って食べた"といった自己の体験は動的なものと見なすという使い分けが反映されているからである[1]。

　もう1つのトピックは,じつは日本語話者は人や物をまとまりとして捉えるか個別として捉えるかで区別をしている,というものだった。ふだん生活していて気がつくことはあまりなさそうだが,これは厳然たる事実である。例えば,どこかで見た光景や出来事を語る人が,「3人の女の人がいたよ」と言えば,おそらく聞き手の脳裏には,女性たちが3人一緒にいる映像が浮かぶだろう。これに対して,「女の人が3人いたよ」と言う場合,(上の解釈も排除はされないが)ある集団や場所の中に女性が3人含まれていたという解釈全般が可能であると感じられる。これは,日本語の文法が,まとまりとしての捉え方と個別としての捉え方の区別を,「3人」のような数量詞の置き方(つなげ方)の違いとし

---

[1] 知識の表現と体験の表現で文法が異なるとの議論は定延(2016)による(p.40)。

て組み込んでいることの証拠である。文法が表現上の目的と結びついているという考えは，文法のイメージを少し変えてくれないだろうか。

置き換えて捉える

　何かを別の何かに置き換えて表す手段といえば，おなじみ**比喩**である（第3章）。どうせ言うなら効果的に言いたいという「雄弁術」の1つとしては遠い昔から知られてもいたし，その限りではあくまで表現"技法"の問題にとどまるだろう。それが認知言語学の中でも大きなテーマとして研究されているのは，比喩が単なる技法ではなく人間の世界把握の仕方に直接関わる手段であるとの見方が定着しつつあるからである。「思考が言語表現に反映されたもの」という意味は深い。

　比喩の種類として4つが取り上げられたが，種類がいくつもあるのは，比喩を成り立たせる仕組みが異なるためで，かつそれらは各々が「思考」のタイプと対応すると言ってよい。複雑だったり捉え難かったりする何かを，なじみがあったり特徴が似ているものに置き換える比喩はメタファー（隠喩）である。なかでも，抽象的で捉えどころがないけれども大事な概念をよくわかる具体的で身近なものに置き換える「**概念メタファー**」は，人間が生活しながら物を考えていく上で欠かすことができない。「人生は旅だ」というのはたしかに比喩だが，それでも人はしばしば，自分の人生を振り返ったり，これからの人生を思い描くとき，それらを本当に旅のようなものだと考えてはいないだろうか。それを比喩だと言うことはそのとおりだが，ならば私たちの思考自体が比喩なのだと言った方が実相に近いかもしれない。

　メタファーは何らかの類似性を捉え，「…みたいに」のような比喩の標識があるシミリー（直喩）も同様である。それに対し，類似性が関係しない大きなタイプにメトニミー（換喩）がある。メトニミーの認知言

語学的説明は，対象を単体としてではなく，それとつながっていたり関係している"目立つもの"を参照点として，それ経由で必ずしも目立たない対象を表すというものである。"目立つもの"とは漠然としているから，参照点と対象の関係も多様である。しかし，例えば，顔立ちをあれこれ説明しても特定しきれなかったり，ときにかえってわかりにくくなったりする対象を，いつもかぶっている赤いものを捉えて「赤ずきんちゃん」と呼ぶならば，赤ずきんという参照点が当の女の子の目印となって容易に代理の役を果たしてくれる。「昼ごはんはいつも丼ばかり」というメトニミーも，なぜ（肝心なはずの）中身ではなく入れ物に代理させるのかといえば，何品もお盆に並ぶ（優雅な？）お膳などではなく丼一つでまかなってしまうような"簡単に済ませられる食事"であるとの特徴が，端的に表せるからである。**対象自体よりも参照点の方が"目立つ"**ことの意味とはそういうことであろう。

このように，メタファーとメトニミーはずいぶんと仕組みが違う。にもかかわらずどちらも同じ資格で比喩であるのは，日々私たち人間は事柄に応じて，メタファーのように思考したりメトニミーのように思考しているからというのと同じ理由による。取り上げられた比喩のタイプとしてはもう1つ，シネクドキー（提喩）があるが，次で一緒に述べる。

まとめて捉える

第4章の初めに，「人間の認知的な行為として，さまざまな事態・事物をグループに分けて捉えるということがある。…カテゴリー化という概念で捉えられている」と述べられている。**「カテゴリー化」**というのは，対象を個々ばらばらに捉えるのではなく，それの属するあるまとまりとして捉えることである。1つ1つの個体には，いかにもそれらしいと感じられるものもあるが，帰属があいまいで捉えにくいものも少なく

ない。典型例（**プロトタイプ**）はそれ自体で理解しやすいとも言えるが，それとて，それが何の典型例なのかが了解されているからこそ典型例なのだと考えると，背後にはカテゴリーがあることになる。

　比喩の話に戻ると，シネクドキーとは，対象をカテゴリー（類）とメンバー（種）という関係の中に置いて，一方を他方で置き換えるように表す比喩である。春に桜を見に行くことを「花見」と呼ぶのは，「桜」という具体的種類よりも，ある季節に最も美しく咲く「花」を見ることに意味があるという思考の反映だろう。紙に針を打って綴じる道具を「ホチキス」と呼ぶような例は，これの正反対とも見えるがそうではなく，「紙の綴じ器」と言われてもピンとこないカテゴリー名を，よく知られたメーカー名である「ホチキス」で代表させてしまったものである。このように，シネクドキーは，カテゴリーとメンバーのレベル差を利用した置き換え表現であり，同時にそのような思考法と言うことができる。

　第5章では命名の問題が扱われた。カテゴリーは命名にも深く関わっている。ペットでも商品でも，名前を付けたとき，それが何なのかわかったほうがよい（**カテゴリーの表示性**）が，かといって，カテゴリーに埋没してしまったのでは名付けた甲斐がないから，そのもの独自の名前である方がよい（**個体の表現性**）。こうした相反するようなカテゴリーとメンバーの関係の中で，様々な物が名付けられている。なぜ米のブランド名は「女性」と「恋」を連想させるものが多いのか？という問いには答えが出せないとしても，命名がそれで揃うならば表示性と表現性の要求をともに満たしていることはわかる。そう考えれば，命名という行為も思考の反映であると言えるだろう。

　以上，取り上げられたすべてではないが，事柄の言語的な捉え方が人間の思考過程を反映しているということの一端が見えただろうか。

2. 言語の習得と心理的・社会的能力

　人間はなぜ言語を習得できるのか，という問いは言語学にとって大きな問題の1つであり，かつまたそれは，いまだ決着がついていない。第1章でも述べたように，チンパンジーやゴリラのような類人猿は，訓練をすれば人間の幼稚園児ぐらいの言語運用はできるようになることがわかっているが，自然状態で身振りを超えた言語と呼べるような手段を身につけることはない。このことをどう受け止めるかによって，言語習得の理論も基本的な考え方が大きく異なることになる。自然状態で言語が発生しないということを重視するならば，第1章で触れた生成文法のように，人間だけに備わっている「言語能力」があって，人間の脳には生まれながらに（生得的に）「普遍文法」が備わっているといった考えになるかもしれない。他方，自然状態では発生しないにせよ，訓練すればそれなりに（かつて思われていたよりはるかに）高度な言語運用力を身につけられるという事実を重視すれば，自然状態で言語が発生するかどうかは脳の大きさなど諸条件の結果であって，「言語能力」や「普遍文法」の有無の問題ではないという考えが導かれることになろう。この後者の場合，言語を発生させる原動力となるのは，世界や出来事を捉える心理的な能力や，それを他者と共有できる（したいと思う）心理的・社会的な能力ということになる。

言語獲得に必要なこと
　第6章では，言語を構成する様々な能力の獲得に決定的な意味をもつ「**臨界期**」をめぐる議論とともに，時期の問題だけではない，何かを獲得できる前提となる条件についての議論が紹介された。「臨界期」についてはいくつかの考え方があって，何かが獲得される特定の時期のこと

である，あるいは，それを過ぎてしまうと獲得ができなくなる特定の時期のことである，獲得が起こるとその後の学習に影響が生じる特定の時期のことである，等の説がある。いずれにせよ，何かの獲得に何らかの点で決定的な影響を与える時期が存在する。例えば，音韻体系であれば，生後10ヶ月ごろに臨界期があり，それ以前では母語か否かを問わず，異なる音は異なる音として識別できるのに，臨界期を過ぎると，母語話者では容易になる識別が非母語話者では困難になる。単語の意味の学習でも，音の組み合わせが何かを表すことや，組み合わせが異なれば表すものも異なることなど，推論を伴うプロセスが理解できるようになれば，満1歳になるころから可能となる。

　こうしたことから，様々な知識や能力の獲得を端的に臨界期という時期の問題として考えたくなるかもしれないが，そうではないということが「新しい言語学」にとって重要な点である。学習には質の問題があり，一般に刺激との接触が頻繁なほど学習が促進されるが，じつは同時に母親の語りかけという社会的な刺激が鍵であって，ただビデオを見せるといった刺激だけがあっても学習は生じない。そこには特定の人との関係という社会的な認知能力が関わっている。語意の学習でも，それを可能にする土台が社会的学習能力の発達であって，9〜12ヶ月ごろに**共同注意**」の能力が現れることが前提的な条件となっている。定型発達児との比較において関心を集めているのが自閉スペクトラム症児で，機械的な音声を好み，共同注意が獲得されないことで語彙習得に影響が出ることがわかっている。

　生後18ヶ月から24ヶ月くらいまでの間に，急激に獲得語彙数が増える「**語彙爆発**」が訪れるが，それは乳児の社会的諸能力が十分高まったことの結果である。そうした社会的能力の1つに，**対話相手の知識状態で態度を変える能力**というものがあり，相手が自信ありそうに話すか自信

なさそうに話すかによって，どちらの言うことを信じるかの態度を変えるというふるまいが3歳までに現れる。

感情と確信度

　対象を把握し理解する心理的能力や人との関係にかかわる社会的能力の発達は，獲得される内容にも影響している。第7章では，感情や確信度を表す語彙を例にこの問題が取り上げられた。乳児は15ヶ月以降に自己意識をもつようになり，2歳半～3歳になるとより社会的な感情が発達してくる。言語面へのその表れは感情語彙ということになるが，その獲得には言語内的・外的両面での様々な差異が観察される。例えば，獲得される語彙の種類における差異がある。2歳ごろに感情語彙を使い始め，喜怒哀楽を話すようになるが，「驚き」とか「寂しさ」といった感情語彙はもっと後にならないと現れない。何語かによる相違もあり，日本語話者では2歳ですでに使う「びっくりした」と「はずかしい」に相当する英語の 'surprised' 'embarrassed' は，英語では3歳以降と4歳以降にならないと獲得されない。それには母子会話の影響があり，親が頻繁に感情に言及するほど，また頻繁に言及する感情ほど，子どもの感情理解も促進されると考えられる。上の語彙などは，東アジアの文化的特徴もあるかもしれないと考えられている。

　話し手の**確信度の強弱**を表す語彙がある。英語話者の場合，3歳前後から理解できると言われる。日本語話者で，「もしかして」「かな」といった話し手の確信のなさを示す表現と，話し手の強い確信を示す文末助詞の「よ」の出現時期を調べると，2～3歳の間に確信度の概念を獲得していることがわかる。理解面では，3歳児でも「よ」の方を信じることがわかっており，英語より1年ほど早い。こうした相違についても，母子会話の影響や言語文化による差の影響を考える必要がある。

バイリンガルの難しさ

　第8章では多言語環境における言語習得の問題が取り上げられた。定住外国人の増加によって**多言語環境**での言語習得が増加している。その場合，家庭で使われる（親の）母語（＝継承語）と社会で使われる日本語（＝社会言語）の環境で育つことになる。そうした子どもが自然にいわゆる「バイリンガル」になるかというとそうではなく，むしろ様々な問題に直面しやすいことが判明してきた。典型的には，社会言語の習得は早いが継承語が不十分になりやすいと言われ，その場合，親とのコミュニケーション問題が生じる。社会言語に関しても，抽象概念や複雑な構造などの獲得が困難になりやすいといった問題がある。結局のところ，第1言語がしっかり獲得できないと第2言語も獲得できないということで，第1言語（**継承語**）を高度に獲得できるか否かが鍵となる。

　第1言語との関係だけでなく，子ども自身の心理的能力や社会的認知能力の発達についても知見が蓄積されてきた。こうした能力は言語能力と密接な関係をもっており，言語能力の発達が十分でないと，他者の心や感情を理解することや，自己や他者の思考を理解することに影響のあることが明らかになりつつある。このことは，多言語環境で，母語＝継承語の獲得が十分でなく，**社会言語**＝日本語も会話レベル以上に伸びない場合，心の理解や社会的スキルの遅れが生じかねないことを意味する。言葉の力が心の発達も支えている典型は，「**心の理論**」と呼ばれる他者の心の中を理解できる能力に関することで，それをもてるためには，

　　　［誰それは［XがYである］と信じている／信じていない］

という入れ子構造になった心的表象（メタ表象）や，「○○は△△と言った」「○○は××と思った」のような「…と言う／思う」という補文構造を獲得できていることが重要となる。このように，心的なメタ表象能力の獲得には言語的なメタ表象能力の獲得が前提となっている。こ

れらは，環境的要因によっても左右され，例えば貧困との関係もあり得ると指摘されている。

このように，言語の習得というプロセスは，ただ時間の経過とともに言語というシステムが出来上がってゆくものではなく，心理的・社会的な諸能力の発達と相まって進行する――うまくいったりいかなかったりする――複合的な過程なのである。

3. 他者と社会

第9章以降，軸足が「心理」から「社会」の方へ動いた。人が他者との間で何を・どのようにやりとりするのか，というコミュニケーションの具体的な内実が取り上げられた。章順が逆になるが，まずは語用論が「旧言語学」から分離独立した経緯を振り返り，語用論の何が「新しい言語学」なのかを確認しよう（第10章）。

"人・間"のコミュニケーション

旧言語学で言葉の意味を扱う部門は「意味論」と呼ばれ，語や文（発話）が世界との関係でどのような意味をもち得るかが研究された。その中で，発話の意味をどれだけ突き詰めても，それを発した人（発話者）が何を言いたかったかにはたどり着けないと考える人々が現れ，発話の意味ではなく「発話者の意味」が考察の対象とされるようになった。発話者の意味とは，発話者にとっての"いま・ここ"における「**文脈**」の中での「**意図**」のことだが，私たちの日々の会話を思い起こしてもわかるように，人の意図のコミュニケーションでは必ず，"字面では言われなかったこと"の伝達が鍵となる。さらに，どれくらい言うか（どれくらい言わないか）は人間関係次第でもある。語用論はそうした「**言外の意味**」を取り扱う部門と方法論である。

意味論は文の意味論を「命題」(「X は Y である」式の文) の意味論として展開した。しかし人は命題ばかりを口にするわけではない。人と人との関係の中でしばしば言葉にされる感情や感覚は真偽判断になじまないし，あるいは，人に対して感謝・謝罪したり，依頼・命令・約束したりする言葉はそもそも命題にならない。そこでやり取りされるのは，命題的な意味ではなく，むしろ人が人に対して向ける，いわば言葉の力である。そのように人は言葉で行為し，そうした人々の「**言語行為（スピーチアクト）**」もまた，語用論が取り扱う主要な対象の1つとなった。

語用論が最も大きな対象とする「言外の意味」が第9章で解説された。そもそも人は，いつも新規の情報のような実質的な意味を伝えたくてコミュニケーションするわけではない。世間話で人がしているのはしばしば，わかりきっていることへの共感を表したり，相手の意図を汲んで手を差し伸べたりすることである。人はまた会話の中で，円滑な情報伝達とは逆を向いているかもしれない言葉遣いをしばしばする。例えば，なぜ人はわざわざ同語反復（トートロジー）などという情報価値のない言い方をするのか，頼み事の中でしばしばお願いの言葉を言わないでお願いが成立するのはなぜか，人がよく，聞かれたことに半分しか答えないのはなぜか。語用論はこうした**会話の含み**（**推意**）全般を対象とするが，これらを説明するためには，人が人との間で何をどのように推論して話すことを考え，相手の言葉を解釈しているかについての理論的な考え方が必要となる。

逸脱される原理・原則

グライスの「**協調の原理**」と「**4つの原則**」がその基礎となった。人は相手の言葉の"過不足"に敏感であり，話す側もそれを微細に操作する。ならば人は過不足ない適量・適度の会話を想定しているはずである

から，そうした原理・原則を想定しようという考えである。ところが一方，人はそこからしばしば逸脱しながらコミュニケーションしている。この不思議な原理・原則は，会話に安心して参加できるための一種の基準のようなものであると同時に，そこから逸脱されることがあらかじめ織り込まれた原理・原則である。その逸脱は，（本当の不誠実や裏切りや敵対も可能だが通常そうではなく）なぜ逸脱しているかを考える（推論する）ことで，発話者の意図にたどり着けるように"計算"されている。それが「会話の含み」である。

　会話の含みはどのような会話においても可能だが，特に慣習的に定着している種類のコミュニケーションがある。代表的な2つが，**レトリック**と**対人配慮（ポライトネス）**である。レトリックとして，人は皮肉や比喩や誇張や婉曲といった語法をよく使う。相手に解釈の負荷をかけるにもかかわらず人がレトリックをよく使うのは，通常の説明的な言い方よりも大きな発話効果が得られるからであり，それにはまた，認知言語学のところで解説されたような，私たちの事柄の捉え方自体をよく表しているという面も手伝っているだろう。ポライトネスもまた会話の含みの大きな動機となっている（第11章）。言いにくいことを言うときに人は，わざと控え目に言ったり，あえてわかりにくく言って気持ちを察してもらおうとする。逆に，特に必要がないのに相手を褒めたり，親しい同士なら少し踏み込んで余計なことを言うことによって，相手への関心の強さを表現するといったことをしている。

　言語によってポライトネスの好みも変わる。日本語では，上下の関係とそうでない関係の差が大きい。下→上の会話では，相手の私的領域に触れないようにとの制約が働く。他方，タメ語的な親しい関係においては，踏み込むことによる近接化効果で親しさのポライトネスを表現することができる。人は敬語とタメ語を使い分けながら，踏み込みすぎず離

れすぎない関係をつくっている。大事なことは，そうした人と人とを結び付ける紐帯(ちゅうたい)の役割を果たしているのが言語だということである。

会話の秩序

　旧言語学は基本的に文単位での考察から成り立っていた。語用論初期の発話行為論でも，まだ考察は遂行文という特異な文があるとの想定に基づいていたから，1つ1つの文が単位だった。けれども，人が言葉で何を為すか，が考察されるにつれて，私たちは決して，1枚ごとに何かの効果が発揮されるようなカードを持ちながら，その場その場でカードを切るように会話をしているのではないということが明らかになった。つまり人は，会話の流れや流れの中のまとまり，あるいは手紙での文章のまとまりなど，文がいくつも合わさったより大きな単位をもって何かを為している。そうして言語の学問においても，文ではなく文のまとまりである談話に関心が寄せられるようになった。第12章では談話分析が概観された。話し言葉でも書き言葉でも，人は話のまとまりを作ろうと意識したり理解しようと試みたりする。それは，まとまりとは一種の秩序であって，秩序あるものには構造があるからである。例えば，会話でも文章でも，あるまとまりには，開始・本題・収束，という構造がある。

　社会性という観点で，よりダイナミックな性質をもっているのは「会話」である。会話の進行では「**ターン**」が鍵となる。ターンとは発言権をもっている状態のことで，参加者が交代でターンの取り合い（**ターン・テイキング**）をしながら会話は進行する。会話分析では，ターン・テイキングの仕組みや関連諸要素の働きなどが考察される。ことに，参加者同士の協同作業としての会話という観点は，興味深い知見を多くもたらしてくれる。会話には「**相づち**」のような"言葉未満"の要素や「**フィラー**」のような実質的意味のなさそうな語がよく現れる。じつは，

会話の進行に関わるサイン——あなたの言葉はちゃんと聞いている，あるいは，どうぞ先を進めて，etc.——を送ることで会話を円滑に進めたり，ターンの保持や受け渡しに関わるメッセージを伝えることで円滑なターン・テイキングに貢献する働きをしている。ただし，それらの機能は普遍的というわけではなくて，時に反対と言っていいほどの文化差もある。会話は，協調的であったり競争的であったり敵対的であったり，人間関係や話す内容に応じて様々な性質を帯びるが，その違いが発話の重なり（オーバーラップ）やその反対のポーズ（発話の欠如）などの違いとなって表れる。協調的な会話には，2人で1つの文を作るような共同構築が見られることもあり——2人で同時に同じ言葉を発する"ユニゾン"発話などもある——，逆に，競争的な会話には，同じ（ような）言葉のくり返しを双方が使うケースなどがある。このように会話は参加者同士の社会的な関係をとてもよく映す。

話し手の属性・言語意識と言語のバリエーション

　第13章からは社会言語学のトピックが取り上げられた。社会言語学は，人間を集団的に見て調査をすることで社会と言語の関係を明らかにする学問領域というイメージが強いが，それにとどまらず，社会の中で生きる人間にとって言語がもつ意味をも明らかにしてくれる。社会言語学は，日本語の標準形を探るのではなくて，現実の日本語にどんな**バリエーション**があるかを探る。人は抽象的な社会の中で抽象的な生を生きているのではないから，人は必ずどれかのバリエーションを使って（使い分けて）おり，そこにその人の社会性が表れるからである。

　言語のバリエーションとしては，地域差による方言，世代による例えば「**若者ことば**」，性差による例えば「**女性語**」，等々，話し手の属性と結び付いた集団語が様々にある。大小の集団にはそれぞれ集団語が発生

し，大学などのキャンパス言葉もあれば，いわゆる業界用語もある。一般的に集団語は話し手のアイデンティティを反映する。その性質に訴えて，東日本大震災後に「がんばっぺし」のような方言のスローガンが被災者（と支援者）の一体感を作り出したような事例もある。他方で集団語は，アイデンティティを共有しない人を排除する選別的な機能ももつ。符牒のようになった業界用語は，知らない人には理解することさえできないし，キャンパス言葉もその学校の学生しかわからない言葉をしばしば含む。選別とは違うが，大震災のときに全国から支援に入った医療従事者などが，方言オノマトペが理解できずにコミュニケーションが取れなかったという問題も生じた。

　アイデンティティは，ときとして演じられるものともなる。演じるアイデンティティを表すために使われるのが「**役割語**」である。例えば，人にものを聞かれて答えるとき，「それはこうじゃ」と言うならば，その人は臨時的に役割語としての「博士語」を話すことによって，人を教え導く役割を演じていると言うことができる。実際の自分と異なるアイデンティティを演じた言葉は多かれ少なかれ役割語的になるから，「いやあ，よく降りますなあ」と言えば"おじさん"的になり，「あら，いやだわ」と言えば女性語的な話し方を演じることができる。ただし，博士語はもとより，おじさん語でも女性語でも，実際のおじさんや女性たちがそのような言葉を話しているかといえば，それほど多くはない，という点が重要である。**アイデンティティの多面性**が表れている。

　集団語とは異なるが，日本語の大きな特徴として，**敬語のレベル**というバリエーションも，場面や相手によって異なるものの典型であり，話し手の意識にある社会性の反映と見ることができる。

　第14章では言語の変化や人々の言語についての意識に関するトピックが取り上げられた。逆順になるが，言語意識の反映の例として挙げられ

たラボフの研究は，先に見たアイデンティティの問題と重なる。ある音の使用が**社会階層**と結び付いているときに，人々がそれを意識するほど使用が多くなっていた。あるいはまた，自分たちのアイデンティティを守るために，独特な二重母音を使用した島民の例も，言語意識による言語の変容である。

　社会が変化すると言語も変化するという言い方はよくされるし，誤りでもないだろうが，言語が勝手に変化することはできない。言語を使う人々の意識の変化（無意識的な変化？）が，少しずつ言語を変化させるのだと考えるべきだろう。社会的ニーズによって新語が生まれることについても，例えば「イクメン」という言葉が流行語のように現れて定着しているように見えても，どこかでそれは家族関係の変容を反映しているだろう。「ハラスメント」関係の言葉がたくさん生まれていることも，類似の例と言えるだろうか。性的な，学問上の，あるいは権力的な，「ハラスメント」を表してくれる言葉が必要だという意識がそれらの定着を促進しているだろう。

　このように言語は，人々の社会性とそれについての意識を，じつによく反映するし，反映して変化する。本章前半で見た心理的能力との関わりとも合わせ，「新しい言語学」が「人間の学」であると副題を付けたゆえんでもある。

引用文献

定延利之（2016）『コミュニケーションへの言語的接近』ひつじ書房

索引

●配列は五十音順．＊は人名を示す．

●あ 行

あいさつ　132
相づち　235
アイデンティティ　196, 220, 237
アメリカ構造主義言語学　15
意識　15, 200
意図　134, 232
いま・ここ　151
意味　134
意味論　16, 147
イメージ喚起　81, 82
依頼　138, 157
岩波国語辞典　63, 64
インポライト（失敬）　175
隠喩　41
うそ　59
液体としての言葉　45
遠隔的　173
婉曲語法　145
オースティン，J.L.＊　157
音韻学習　87
音韻論　16
音声学　16
女ことば　201

●か 行

開始・本題・収束　184
概念メタファー　42〜46, 225
外来語　210
会話　23, 180, 235
会話の含み　136, 233
会話分析　23
書く　181
学習言語　117

格助詞　27
確信度　108, 230
仮定法　155, 168
カテゴリー化　57, 58, 226
カテゴリーの表示性　227
感謝　159
感情　99, 230
感情語彙　102
換喩　41
記述　16
規則　17
機能　185
規範　217
基本レベル　33
客体化　35, 37, 38
旧言語学　9
協調の原理　141, 169, 233
共同構築　189
共同注意　94, 229
近接的　173
近代言語学　10
グライス，P.＊　23, 140, 169
くり返し　188〜190
敬語　197
敬語体　174
敬語のレベル　237
継承語　117, 231
形態論　16
一ケン（軒）　61
言外の意味　134
言語意識　213
言語行為（スピーチアクト）　159, 233
言語行為論　157
言語習得　22

言語地図　199
言語変化　208
顕在的威信　219
現状認識　214
原則からの逸脱　144
語意学習　93
語彙爆発　95, 229
構成規則　159
構造　11
構造主義　11
効率性　170
心の理論　121, 231
呼称　132
個人の中で起きる言語変化　211
個体の表現性　227
誇張法　145
ことばの使い分け　195
ことばの乱れ　209
ゴフマン，E.＊　23
米の品種　74
語用論　23, 131

....

●さ　行
再命名　80, 81
サックス，H.＊　23
参照点能力　49
地（background）　26
シェグロフ，E.＊　23
ジェファーソン，G.＊　23
時空間メタファー　67
志向　215
指示詞　152
事実確認的　157
辞書　16
持続　70
質問　159

視点　26, 27, 223
シネクドキー　41, 46, 51〜55, 65, 83
自閉スペクトラム症　92
シミリー　41, 42, 82
社会階層　219, 238
社会言語　117, 231
社会言語学　23
社会的学習（social learning）　91
社会的コミュニケーション能力　21
社会認知能力　118
集合的認知　32
集団語　196
授受表現　27
主体化　35〜37
受動文の動作主のマーカー　30
冗語法　144
冗談　143
助詞「へ」　69, 70
女性語　236
助動詞「た」　163
真偽　156
新語・流行語　209
信念　216
心理学的能力　21
図（figure）　26
推意　136, 233
遂行的　157
推論　151
ステレオタイプ　206
図と地　223
ストラテジー　171
スピーチアクト；speech act　159
生成文法　16
生得的言語能力　19
世間話　133
世代差　199

潜在的威信　220
前提　154
即時マッピング（fast mapping）　97
属性　196
ソシュール，F. ド*　10
率直な気遣い　175

●た 行
ターン　184, 235
ターン・テイキング　185, 235
ダイクシス　152
対人配慮（ポライトネス）　143, 170, 234
対人配慮（ポライトネス）の「た」　167
第二言語習得　87
対話相手の知識状態　229
多言語環境　115, 231
タメ語体　174
男女差　201
談話　161, 180
談話の構造　183
談話分析　180
地域差　199
近い言葉　174
力　134
直喩　41
チョムスキー，N.*　16
提喩　41
適格／不適格　154
適切／不適切　154
統計的学習（statistical learning）　90
同語反復　136
統語論　16
当事者性　166
遠い言葉　174
トートロジー　136
トマセロ，M.*　22

●な 行
二重否定　144
認知　22
認知言語学　22
認知と命名の対応性仮説　79
ネガティブ・ポライトネス　173

●は 行
バイリンガル　115, 231
〈発見〉の「た」　164
発話　150
発話行為論　157
発話者の意味　150
発話の意味　150
発話のシークエンス　160
話す　181
場面　198
バリエーション　195, 236
パロール　10
否定における不変性　155
皮肉　144
百科事典　148
百科事典的な知識　50
比喩（metaphor）　145, 225
評価　213
表現性　73, 75〜77
表示性　73〜75
表出　178
敏感期（sensitive period）　87
フィラー　188, 235
含み　170
不適切性　158
不当な領域侵犯　175
普遍文法　19
ブラウン＆レヴィンソン*　172

ブルームフィールド，L.＊　15
プロトタイプ　57, 59, 60, 227
分布　16
文法化　68〜71
文法書　16
文脈　151, 232
ヘッジ表現　58, 66
変形　18
弁別素性　12
母音の三角形　12
方言　195, 203
母子会話　107
ポジティブ・ポライトネス　173
ポライトネス　172
『本格小説』　37

●ま　行
見えない構造　15
命題　155
命題の意味論　156
命名と認知の対応性仮説　78
メタファー　41, 42, 62, 76, 81〜84
メトニミー　41, 46〜51, 63, 64, 83

●や　行
約束　159

役割語　205, 237
ヤーコブソン，R.＊　12
やさしい嘘　143
遊離数量詞文　31
ゆれ　218
4つの原則　141, 169, 233

●ら　行
ら抜きことば　214
ラネカー，R.＊　22
ラボフ，W.＊　24
ラング　10
離散的認知　33
料理の三角形　13
臨界期（critical period）　87, 228
隣接ペア　186
類別詞　60, 61
レヴィ＝ストロース，C.＊　13
レトリック　144, 234
レパートリー　197, 212
連体数量詞文　31

●わ　行
若者ことば　199, 236

分担執筆者紹介

(執筆の章順)

森　雄一（もり・ゆういち）

・執筆章→2・3・4・5

1990年　東京大学文学部国語学専修課程卒業
1993年　東京大学大学院人文科学研究科修士課程修了
1994年　同博士課程中退
1994年～　茨城大学人文学部専任講師～助教授，成蹊大学文学部助教授～准教授を歴任
2008年～　成蹊大学文学部教授
主な著書　『学びのエクササイズ　レトリック』（ひつじ書房，2012年）
　　　　　『ことばのダイナミズム』（共編著，くろしお出版，2008年）
　　　　　『認知言語学　基礎から最前線へ』（共編著，くろしお出版，2013年）

松井　智子 (まつい・ともこ)

・執筆章→6・7・8

1987年	早稲田大学教育学部英語英文学科卒業。
1988年	ロンドン大学ユニバーシティカレッジ文学部英文科修士課程修了。
1995年	ロンドン大学ユニバーシティカレッジ文学部言語学科博士課程修了（言語学博士学位取得）。
	国際基督教大学，京都大学霊長類研究所，東京学芸大学を経て，2021年度より中央大学文学部教授。専門は言語学，語用論，発達心理学。
主な著書	*Bridging and Relevance*（John Benjamins, 2000, 市河賞）『子どものうそ，大人の皮肉』（岩波書店2013年）『ソーシャルブレインズ』（分担執筆，東京大学出版会, 2009）『ミス・コミュニケーション』（分担執筆，ナカニシヤ, 2011）などがある。

熊谷　智子（くまがい・ともこ）　・執筆章→12・13・14

1981年　上智大学外国語学部英語学科卒業
1987年　東京外国語大学大学院修士課程　日本語学専攻修了
1988年〜　国立国語研究所所員
2010年〜　東京女子大学現代教養学部教授
主な著書　『言語行動における「配慮」の諸相』（共著，くろしお出版，2006年）
『対人行動の日韓対照研究―言語行動の基底にあるもの―』（共著，ひつじ書房，2008年）
『三者面接調査におけるコミュニケーション―相互行為と参加の枠組み―』（共著，くろしお出版，2010年）
『Storytelling across Japanese Conversational Genre』（共著，John Benjamins, Publishing Co., 2010年）
『コミュニケーションのダイナミズム―自然発話データから―』（共著，ひつじ書房，2016年）
『語用論研究法ガイドブック』（共著，ひつじ書房，2016年）
ほか

編著者紹介

滝浦　真人（たきうら・まさと）

・執筆章→ 1・9・10・11・15

1962年	岩手県生まれ。小学校から高校まで，仙台で育つ。
1985年	東京大学文学部言語学専修課程卒業
1988年	東京大学大学院人文科学研究科修士課程言語学専攻修了
1992年	同　博士課程中退
1992年〜	共立女子短期大学専任講師〜助教授，麗澤大学助教授〜教授を歴任
2013年〜	放送大学教養学部・同大学院文化科学研究科教授
2017年	博士（文学）（北海道大学）
主な著書	『お喋りなことば』（小学館，2000年）
	『日本の敬語論　ポライトネス理論からの再検討』（大修館書店，2005年）
	『ポライトネス入門』（研究社，2008年）
	『山田孝雄　共同体の国学の夢』（講談社，2009年）
	『日本語は親しさを伝えられるか』（岩波書店，2013年）
	『日本語リテラシー』（放送大学教育振興会，2015年）
	〈以上単著〉
	『日本語とコミュニケーション』（大橋理枝准教授と共著；放送大学教育振興会，2015年）
	『語用論研究法ガイドブック』（加藤重広氏と共編著；ひつじ書房，2016年）
	ほか

放送大学教材　1740040-1-1811（ラジオ）

新しい言語学
―心理と社会から見る人間の学―

発　行　　2018年3月20日　第1刷
　　　　　2022年1月20日　第3刷
編著者　　滝浦真人
発行所　　一般財団法人　放送大学教育振興会
　　　　　〒105-0001　東京都港区虎ノ門1-14-1　郵政福祉琴平ビル
　　　　　電話　03（3502）2750

市販用は放送大学教材と同じ内容です。定価はカバーに表示してあります。
落丁本・乱丁本はお取り替えいたします。

Printed in Japan　ISBN978-4-595-31860-3　C1380